자기주도 성공법

자기주도 성공법

이병호 지음

발 행 일 | 2018년 12월 17일
지 은 이 | 이병호
발 행 인 | 李憲錫
발 행 처 | 오늘의문학사
출판등록 | 제55호(1993년 6월 23일)
주　　소 | 대전광역시 동구 대전로867번길 52(한밭오피스텔 401호)
전화번호 | (042)624-2980
팩시밀리 | (042)628-2983
전자우편 | hs2980@hanmail.net
카　　페 | cafe.daum.net/gljang(문학사랑 글짱들)

공 급 처 | 한국출판협동조합
주문전화 | (070)7119-1752
팩시밀리 | (031)944-8234~6

ISBN 978-89-5669-970-7 13190
값 15,000원

* 이 도서의 국립중앙도서관 출판예정도서목록(CIP)은 서지정보유통지원시스템 홈페이지 (http://seoji.nl.go.kr)와 국가자료종합목록시스템(http://www.nl.go.kr/kolisnet)에서 이용하실 수 있습니다. (CIP제어번호 : CIP2018040756)

* 이 책은 교보문고에서 eBook(전자책)으로 제작하여 판매합니다.
* 잘못 제작된 책은 바꾸어 드립니다.
* 이 책은 대전광역시 DAEJEON METROPOLITAN CITY 와 대전문화재단 에서 사업비 일부를 지원 받았습니다.

매일 나에게 전하는 성공법칙

자기주도 성공법

이병호 지음

작은 **용기**가 **성공** 경험을 만든다
언제 **결정**하고, **실천**하느냐에 달려있다

오늘의 문학사

책을 내면서

용기 있는 사람이 성공한다

TV, 인터넷에 홍수처럼 쏟아지는 소위 성공했다는 사람들의 이야기가 나올 때마다 부러움과 질투의 시선을 하고 있는가. 부럽기도 하지만 나도 성공하고 싶다는 욕구가 솟구칠 것이다. 성공한 사람들은 타고난 능력이 있어서 애초부터 나와는 다른 분류의 인간이라고 생각한다. 확신하건데 성공한 사람들은 우리와 다르지 않다. 모든 사람들은 성공할 수 있는 성공 DNA를 가지고 태어난다. 내 안에 잠재되어 있는 능력을 끌어내는 방법을 모를 뿐이고, 잠재력을 일정 수준까지 끌어내어 알을 깨부술 용기가 부족할 뿐이다. 알을 깨기만 한다면 멀게만 느껴지던 성공이 눈앞에 있다.

아주 대단한 능력이 성공을 만든다는 잘못된 믿음으로 눈앞이 깜깜하다면 책에 기술한 내용 중 몇 가지를 먼저 실행에 옮긴다면 자신도 모르게 변화된 모습을 발견할 것이다. 주변사람들의 평가가 달라지고, 이전과 다르게 자신감 넘치는 자신을 만나게 될 것이다. 작은 성공 경험이 큰 결과를 부른다. 이 몇 가지 변화의 성공이 나를 성공한 사람으로 만드는 것이다. 성공의 지름길은 내가 가지고 있는 잠재적인 성공 DNA를 끊임없이 두드려 깨우는 것이다. 사람은 누구나 변화에 두려움을 갖기 마련이다. 성공에 다가가고 있다가도 현실에 안주하거나, 이 정도면 됐다며 스스로와 타협기도 하며, 내가 무슨 성공이냐고 부정적인 믿음을 갖기도 한다. 이런 변화에 대한 저항은 자연스러운 현상이다. 다만 이 변화의 저항을 이겨내고 끊임없이 포기하지 않고 실행하는 것, 그 한 발자국 더 나아가는 용기가 성공 경험을 만든다.

성공은 노력에 비례한다고 한다. 많은 사람들은 자신이 노력한 것보다 더 많은 성과와 결과를 얻으려고 함으로서 우울감에 빠지고 조급한 마음에 성공으로 가는 길을 포기하고 만다. 지금의 나와 성공한 나의 모습 사이의 갭을 줄이고자 노력하고 있는데 나아지는 것 같지 않다면 아직 임계점에 다다르는 중인 것이다. 노력의 결과는 바로 나타나주지 않는다. 계단식 그래프처럼 눈에 띄는 결과가 나왔다가 지루하게 유지되고 다시 눈에 띄는 결과가 나오는 식이다. 나의 이 노력이 성공으로 가는 길이라는 확신과 굳은 믿음으로 묵묵히 그 길을 가는 용기를 가져야 성공의 계단을 맞이할 수 있다.

이 책에서 얘기하는 성공법은 결코 어려운 것이 아니다. 돈을 들여 학력을 높일 필요도, 많은 재물이나 불필요한 시간도 헛되게 소비할 필요도 없다. 머리 잘 굴리는 실용지능 높은 사람이 성공하는 시대이다. 학력보다는 실용지능을 높이고, 대인관계를 좋아지게 하며 몸값을 올리는 쉬운 길을 일러준다.

반복되는 일상생활에서 아무것도 아닌 걸로 취급하는 실용지능을 발굴하여 성공의 토대로 만들고, 효율적인 시간관리, 칭찬기술, 인맥관리 등 자기주도적인 관리로 성공에 닿는 법을 소개한다.

어느 통계에 의하면 많은 사람들은 삶을 살아가면서 70% 이상 마이너스 발상을 한다고 한다. 이것이 성공에 가장 큰 장애물이라고 한다. 이 책은 당신이 깨닫지 못하고 있는 성공할 수 있는 잠재력을 계발하여 일상적으로 이뤄지는 모든 생각들을 '플러스 발상'으로 전환하는 데 도움을 주고자 상세하게 방법을 기술하려고 노력했다. 독자가 성공의 길을 가는 데 길을 잃지 않도록 길잡이가 되어주고, 든든한 디딤돌이 되어주리라 확신한다.

이 책이 나오기까지 많은 관심과 성원을 보내주신 700여 명의 가마봉 양봉사관학교 가족 여러분과 바쁜 생활 속에서도 좋은 책을 만들어 주신 오늘의문학사 리헌석 회장님과 편집부 직원 여러분께 뜨거운 감사를 드린다.

2018년 오곡백화가 무르익어가는 어느 가을날에

가마봉 양봉사관학교에서 이 병 호

차례

제2부 성공은 노력하는 사람에게 찾아간다

차례

제3부 성공의 문은 가까운 곳에 있다

제4부 성공할 사람은 1%가 다르다

제5부 칭찬기술을 알면 성공이 보인다

제6부 건강은 성공의 지름길이다

제1부

실용지능이 성공의 기회를 만든다

01
창의력이 곧 재산이다

창의력은 곧 재산이요, 경쟁력이 된다. 과거에는 기술이 경쟁력이 되었다면, 지금은 창의력이 무엇보다 중시되는 사회가 된 지 오래되었다. 과거의 기술 하나로 먹고사는 시대는 지나갔다. 인터넷으로 연결되어 시공간을 초월하는 교류가 이루어지고 있는 현재, 경쟁력 있는 기업 또는 개인이 되기 위해서는 빌게이츠가 말했던 것처럼 생각의 속도로 무장하고 있어야 한다.

한편 '창의력이 재산이다'라는 말에서 재산이라는 단어를 잠시 귀를 기울여 봐야 한다. 재산이란 금전적 가치가 있는 것을 말하며 소중한 것을 비유적으로 이르는 말이기도 하다. 곧 창의력은 무형의 능력이지만 나의 몸값을 올려주고 유형의 금전적 가치를 낳을 수 있는 개인의 소중한 재산인 것이다.

제한된 환경이나 자원을 극복할 수 있는 힘은 창의력이다. 창의력은 자신의 무한한 에너지를 폭발적으로 끌어올릴 때 발현되는데, 이때 참신한 아이디어가 나온다. 관건은 창의력이다. 창의력을 향상시키는 것은 꾸준한 자기계발을 통해서 이루어진다.

창의력의 원천, 곧 새로운 아이디어나 아이템이 생기는 원동력은 상상력이다. 상상력은 자유롭게 생각의 가지가 뻗어 나가는 매력이 있다. 창의적 사고의 강력한 힘은 상상력에 있다.

자유롭게 아이디어를 발상할 때, 생각나는 것을 그때그때마다 종이에 적으며 상상력을 자극하는 방법이 있다. 그것이 바로 브레인라이팅이다. 이 기법은 브레인스토밍의 변형으로 아이디어를 기록하기 위해서 비언어적 접근 방법을 사용하는 아이디어 창출 방법이다.

특히 남 앞에서 이야기하는 것을 꺼려하는 사람에게는 아주 좋은 방법이다. 각자 침묵 속에서 진행되기 때문에 개인 사고의 특징을 최고조로 살릴 수 있는 집단발상법이다. 팀 구성원의 자발성이 브레인스토밍보다 저하될 수 있다는 단점이 있지만 상상력을 기르는 데 큰 도움이 된다.

이처럼 창의력은 인위적인 노력을 통해서도 얼마든지 이루어질 수 있다. 다만 창의적인 사고는 하루아침에 이루어지지 않는다. 오랜 시간에 걸친 노력과 경험을 통해서만 만들어진다. 세계적인 위인 에디슨조차 천재는 99퍼센트의 노력과 1퍼센트의 영감으로 만들어진다고 말했던 것을 기억해야 한다.

창의력은 기본적으로 상상력을 매개로 하는 것이지만 그것을 표현할 수 있는 능력 또한 중요한 부분이다. 그래서 창의력이란 상상력은 물론이고 어휘력, 표현력, 감수성, 관찰력과 기억력, 문제해결능력 등 모든 범주에 걸쳐 관련이 있다.

창의력을 기르는 데 중요한 것은 자신의 생각을 자유롭게 이야기하고, 행동하는 것이다. 아무리 좋은 생각도 망(network)에 올릴 수 없는 것이라면, 즉 표현할 수 없다거나 다른 사람에게 전달할 수 없는 것이라면 훌륭한 창의력이 될 수 없다.

아이디어를 많이 내는 사람에게 흔히 '저 사람은 창의적인 사람이야'라는 말을 한다. 아이디어를 많이 낸다는 것은 그 사람이 매우 도전적이고 진취적인 사람이라는 사실을 의미한다. 훌륭한 아이디어를 얻는 최선의 방법은 자유로운 환경 속에서 많은 아이디어를 도출해내고 그 가운데 옥석을 가려 좋은 아이디어를 선택하는 것이다.

창의력을 키우기 위해서는 고정관념에서 벗어나는 노력이 필요하다. 어떤 문제를 해결할 때에는 자기위주의 편협한 시각으로만 문제를 풀려고 해서는 안 된다. 고정관념에서 벗어난 새로운 시각의 수용과 활용은 자신을 발전시킬 뿐만 아니라 더 나아가서는 사회 발전에 이바지하게 된다. 고정관념에 도전하고 자유로운 사고를 함으로서 창의적인 아이디어를 얻는 행운을 갖는 것이 매우 중요하다.

당신은 이 세상에서 그저 그런 평범한 사람으로 살고 싶은가? 그렇지 않다면 창의력을 키우고 표현하라. 그리고 창의력으로 하여금 당신의 재산 가치를 높이도록 해라.

02

내 안에 숨겨진 보물을 찾아라

인간에게는 누구나 숨겨진 보물이 있다. 그것이 바로 달란트다. 사람은 자기 특유의 천부적인 달란트를 가지고 태어난다. 사람이 태어나면서 성공하느냐, 실패하느냐는 숨어 있는 달란트를 얼마나 빨리 발굴했느냐, 못했느냐에 달려 있다.

소위 달란트라고 하면 그 사람의 재능이나 소질이라고 막연하게 생각하는 경향이 있다. 그러나 진정한 의미의 달란트란 자기에게 주어진 재능과 소질을 자기 안에 담아두는 것이 아니라 그것을 더 크게 발전시키는 동시에 그만큼 이웃에게 베푸는 것을 말한다.

"나는 본래 재능이 없어, 아무리 노력을 해도 그 일을 할 수 없어! 그건 머리 좋은 사람이나 할 수 있어." 등으로 자기 자신을 비하하거나 자포자기하는 것은 바람직하지 않은 행동이다. 자신만이 가진 달란트를 소중히 여기고 숨어 있는 달란트를 찾는 노력이 필요하다.

달란트라고 하면 많이 회자되는 이야기가 있다. 어느 주인이 멀리 여행을 떠나면서 종에게 각각 다른 달란트를 주었다고 한다. 주인은 각자의 종이 가진 달란트가 다르다는 것을 알고 있었고, 어느 정도를 종에게 맡길 것인가에 대해 염두에 두고 있었다.

주인의 명에 따라 어떤 종은 자신에게 주어진 달란트를 적극 활용한 반면, 다른 종은 자신의 달란트를 불신하여 하나도 사용하지 않았다. 똑같은 달란트를 주인으로부터 받았지만 그들의 결과는 차이가 분명했다. 순응한 종은 주인으로부터 더 많은 신뢰를 받게 되었고, 반면에 불신한 종은 그가 가지고 있는 달란트마저 뺏기고 말았다는 이야기가 있다.

달란트의 시초는 국조보감에 나오는 '돌잡이'란 기록에서 찾을 수 있다. 거기에서 우리 조상들의 슬기로운 지혜를 엿볼 수 있다. 돌잡이란 돌쟁이 앞에 돌상을 놓고 무명 피륙 한 필을 접어서 깔아놓거나 포대기를 접어서 깔아 그 위에 아이를 앉혀놓고 아버지가 돌잡이가 되어 아이로 하여금 쌀, 붓, 책, 연필, 돈 등을 마음대로 골라잡게 하여 그 아이의 미래를 점치는 돌잔치에서 가장 흥미로운 우리나라 고유의 행사 중에 하나이다.

이때 쌀을 잡으면 평생 동안 걱정 하나 없는 유복한 재산가가 되고, 붓이나 책 그리고 연필을 잡으면 문장가가 되거나 공부를 잘하고, 대추를 잡으면 자손이 번성하고, 바늘이나 길이를 측정하는 자를 잡으면 손재주가 뛰어난 사람이 된다는 것으로, 예로부터 우리 조상들은 아이의 달란트를 믿어왔다.

그러나 현대 부모들은 돌잡이 용품에 변화를 주고 있다. 박찬호처럼 야구를 잘하라는 의미로 야구공을, 빌게이츠 같은 성공한 프로그래머이자 CEO가 되기를 바라는 마음에서 마우스를 놓거나 사진기, 골프공 같은 것을 내놓아 아기가 성인이 되었을 때 부모가 원하는 직업을 연상하는 소품을 올려놓는다. 아기가 가지고 있는 달란트를 인정해 온 조상들의 지혜와는 달리 직업을 선택하는 좁은 의미로 전통이 퇴색되는 것 같아서 아쉬운 부분이다.

사람은 누구나 그 사람만이 가지는 독특한 달란트를 갖고 태어난다. 태어날 때 부모로부터 받은 자신의 달란트를 부단하게 찾는 노력을 하지 않고 열심히 사용하지 않으면 그냥 묻혀버리고 만다. 많은 사람들은 자신이 어떤 달란트를 갖고 있는지조차도 모르고 살아가는 것이 문제다.

에디슨이 스스로 위대한 발명의 업적은 1%의 천부적 재능과 99%의 노력의 결과라고 말한 것은 모두가 잘 알고 있는 명언이다. 성공하기 위해서는 자신이 가진 재능만 믿어서는 안 되고 엄청난 노력이 필요하다는 것이다.

아무리 뛰어난 재능과 소질을 가졌다 하더라도 자신감을 잃고 어려움 앞에서 쉽게 좌절하고 포기한다면 그 사람의 재능은 완전히 발휘되지 못할 것이다. 그러나 작은 재능이라도 에디슨처럼 꾸준한 노력을 한다면 좋은 결실을 얻을 수 있다.

자신만의 독특한 달란트가 잠자고 있다. 당신은 보석보다 더 귀하고 아름다운 달란트를 가지고 있다고 생각해 본 적이 있는가? 숨어 있는 달란트를 하루 빨리 찾아내어 아름다운 인생을 만들어 보자.

03

커뮤니케이션 스킬을 배워라

소통이 사회적 화두로 떠오르고 있다. 가정에서나 직장에서나 현대인에게 가장 중요한 주제는 소통이다. 소통이 이렇게 개개인의 차원을 넘어 사회적인 개념으로 부상하는 것은 그것이 사회에서 가장 중요한 과제이나 해결하기 쉽지 않은 일이기 때문이다.

오늘날 타인과 원활하게 의사를 교류한다는 것 자체가 인간관계의 중요한 목표이다. 여기에서 중요한 것은 '원활하게' 의사를 교류한다는 것이다. 이것은 능력이고 기술을 배움으로서 향상시킬 수 있다.

성공적인 커뮤니케이션은 사람의 생각이나 잠재된 욕망을 행동으로 바꾸어 놓을 만큼 강한 힘을 가지고 있다. 뿐만 아니라 다른 사람의 마음까지도 바꿔주는 마법의 묘약과 같다. 커뮤니케이션은 개인과 개인뿐만 아니라 집단과 집단 사이를 연결해 주고 상호작용이 되게 한다. 현대인의 성공 요건은 바로 커뮤니케이션에 있다고 해도 과언이 아니다.

커뮤니케이션에는 듣기, 말하기, 읽기, 쓰기라는 4가지 요소가 있다. 그 중에서 커뮤니케이션의 제1덕목은 듣는 것, 바로 경청이다. 상대방의 이야기를 잘 듣는 것은 소통의 시작이고, 대화의 기본 덕목이기 때문이다.

대화를 잘 하는 지름길은 '혀'가 아니라 '귀'에 있다. 많은 말을 늘어놓기보다 상대방의 말에 '귀'를 기울이라는 것이다. 내가 아무리 상대방에게 어떤 달콤한 말을 한다 할지라도 상대방 입장에서는 자기가 말하고 싶어하는 이야기의 절반만큼도 흥미가 없기 때문이다. 이게 대화에 있어서의 인지상정인 것이다.

들으려는 태도, 듣는 자세는 말하는 사람으로 하여금 상대에 대한 매력을 갖게 한다. 이는 커뮤니케이션을 활성화시키는 촉매제다. 경청은 상대방을 높여주는 일이다. 나아가 경청은 결국 나 자신을 높이는 결과를 가져온다. 나의 취향과 기호에 맞는 말만 듣는 척하는 위선적인 모습이 아니라 진심에서 우러난 경청은 나를 위한 것이요, 인맥을 늘리는 최선의 방법이다.

경청은 많은 사람에게 영향을 주는 유명인일수록 지켜야 할 중요한 덕목이다. 사람들은 자기 의견을 표현하는 것을 좋아하지만 상대방 말을 듣는 것은 부담스러워 하는 경향이 있다. 미디어가 발달하고, 표현 공간이 많아진 현대사회에서는 더욱 그렇다. 누구나 어디서나 자기표현을 하려 들고, 주장하고, 심지어는 자기주장을 강요하기까지 하는 사회다.

그래서 우리는 상대방의 말에 귀를 기울여야 한다. 두 귀를 쫑긋 세우고 들어야 한다. 성인의 한자말인 '聖人(성인)'에 '귀 이(耳)'자가 들어 있는 이유를 생각해봐야 한다. 상대의 말을 귀 기울여 듣지 않고 딴전을 피운다거나 상대가 말하는데 끼어들어 전혀 다른 화제로 바꿔놓고 자신이 하고 싶은 말만 하는 것은 커뮤니케이션 스킬 가운데 고쳐야 할 악습의 1순위다.

경청은 인간관계를 넘어 사업에서도 진가를 발휘한다. 국내 최초 고졸 출신으로 6년 연속 판매왕으로 널리 알려진 GM 대우 자동차 박노진 이사는 인맥지수를 높이는 노하우로 "두 귀를 쫑긋 세워 상대방이 하는 말을 기울여 듣고 긍정적인 반응을 보여라!"라고 말한다. 낯선 고객을 처음 만나면 두 귀를 쫑긋 세워 고객이 한탄하든, 비방하든, 하소연하든, 고객이 하는 이야기를 경청하면서 이야기를 다 했다고 느낄 때서야 그는 고객이 말한 시간의 약 30% 정도에 해당하는 만큼만 본인 이야기를 해 왔다고 한다.

경청하는 자세를 갖췄다면 한 걸음 더 나아가야 한다. 교육심리학자들은 커뮤니케이션 스킬에서 가장 중요한 것이 공감대를 형성하는 일이라고 한다. 무조건 상대방의 말만 듣는다고 모든 일이 해결되는 것은 아니다. 더불어 서로 공감하는 분위기를 만드는 노력이 필요하다. 서로 간의 마음이 열려야 불안했던 관계가 점점 안정되면서 편안해지기 마련이다.

공감은 혼자만의 노력으로 이루어지지 않는다. 공감을 형성하기 위해서는 상대방이 느끼는 기분이나 감정을 이해하는 것과 그 이해하는 바를 받아들이려는 노력이 선행되어야 한다. 힘들고 어려울 때일수록 상대방의 마음을 헤아려 줄 수 있는 용기와 지혜가 필요하다.

각박한 세상을 살아가는데 효과적인 커뮤니케이션 스킬을 배우는 것보다 중요한 자산은 없다. 몹시 힘들고, 어려울 때 역지사지하는 마음이야말로 공감을 초월하며 상대방을 감동시키고 마음을 사로잡는 데 마력을 발휘한다. 사업적이든, 가벼운 만남이든 사람을 사로잡을 수 있는 힘을 길러야 한다. 이러한 힘은 삶의 에너지원이 되고, 나아가 아름다운 인생을 살아가는 데 발판이 될 것이다.

04

누구나 강점지능을 가지고 있다

하늘에서 내려오는 눈송이의 결정은 저마다 다르다고 한다. 무기물이나 유기물이나 세상에는 똑같은 모양의 쌍둥이는 없다. 사람도 그렇다. 저마다 얼굴 모양이나 생김새가 다르듯이 각자의 지능과 재능도 다르다. 그리고 누구나 자신만의 특별한 강점지능을 가지고 있다.

하버드대 교육심리학 박사 가드너의 '다중지능이론'에 의하면 교과성적이 좋은 아이는 논리·수리능력이 높고, 노래를 잘 부르는 아이는 음악지능, 달리기나 운동을 잘하는 아이를 신체지능이 뛰어났다고 말한다. 그래서 사람에게는 자신을 아는 게 중요하다. 인생을 살아가면서 자신의 강점지능이 무엇인지를 발견하는 사람, 그리고 그 발견한 강점지능을 잘 계발하는 사람은 그렇지 않은 사람보다 더 특별한 인생을 살아갈 수 있기 때문이다.

가드너 교수는 하버드대학 시절, 호기심이 생기면 어떤 과목이든 청강할 정도로 공부를 좋아했고, 얼리 리더(early leader)였다고 한다. 그는 뇌 연구를 위해 의학분야에 뛰어들어 다중지능이론을 만들어 냈다. 1983년, 그는 마침내 자신의 저서인 『마음의 틀』을 통해 단순히 IQ만으로 인간의 잠재능력을 평가하는 것은 비현실적이라며 기존의 '지능'에 대한 낡은 지식을 폐기해야 한다고 주장했다. 그의 책이 출간되면서 IQ가 규정해 온 기존의 사고능력에 대한 인식은 뒤집어졌고, 인간의 능력을 새로운 각도에서 바라보고 평가하는 계기가 마련되었다.

사람은 누구나 자신만의 강점지능을 가지고 태어난다. 누군가는 그 강점지능을 잘 발굴하여 성공적인 삶을 살아가는 사람이 있는가 하면, 평생 그 지능을 발견하지 못한 채 살아가는 사람도 있다. 음 하나하나와 조성에 따라 달라지는 음악의 느낌을 정확히 구분할 줄 아는 능력을 가진 아이에게 음악을 들으면서 시간낭비하지 말고, 앉아서 수학문제를 풀라고만 강요한다면 그 아이는 자신의 강점지능이 음악지능이라는 것을 평생 모른 채로 살아갈 수도 있다.

하지만 누군가가 그 아이의 음감을 칭찬하고 격려한다면 자신이 그 쪽으로 재능이 있다는 사실을 발견하고 그 능력을 계발하여, 작곡가나 연주자 또는 영화 음악감독으로 성장해 성공적인 삶을 살아갈 수도 있을 것이다. 이처럼 인생을 살아가면서 자신만이 가지고 있는 강점지능을 찾아내는 일이 무엇보다 중요하다.

인간의 강점지능은 칭찬이나 격려를 통하여 얼마든지 발굴될 수 있다. 프랑스의 시인이자 극작가인 레미제라블의 저자 빅토르 위고는 어린 시절 부모님의 비정상적인 생활로 인하여 왜곡된 삶을 살았다고 한다. 그러던 그가 백일장에서 우수상을 받았다. 그런 계기로 희곡, 소설 등을 써냈는데 그때마다 담임 선생님은 칭찬을 아끼지 않았다고 한다.

"너는 세상을 바꿀 수 있는 극작가 기질이 있어, 한 번 노력을 해봐! 아직 숨어있는 강점지능이 발굴되지 않아서 그렇지 세계적인 극작가가 될 수 있을 거야."

이 칭찬을 들은 빅토르 위고는 자기 자신의 소중함을 깨닫고 자신감을 찾았고, 가정에서 느끼던 불평과 불만을 글로써 해소하기 위한 노력을 아끼지 않았다. 그 결과 그는 불후의 명작 〈레미제라블〉을 남겼다.

다중지능이론은 교육현장에서도 잘 활용되고 있다. 다중지능이론은 심리학 분야의 문제처럼 보이지만, 교육에 미친 영향은 매우 크다. 지금까지 교육 현장에서는 일부 학생들은 강점지능을 갖고 있지만, 다른 대부분의 학생들은 그렇지 못하다고 여겨왔다. 그렇기 때문에 성적순으로만 능력별 그룹을 편성하거나 등급별 반 편성을 해왔다. 그러나 다중지능이론은 모든 학생들이 자기 나름대로의 강점을 지니고 있다는 것을 인식시켜 주었다.

우리나라에서도 다중지능이론을 수용하여 기존의 지필검사 중심의 평가에서 자연스럽게 수행평가로 옮아간 것을 주목할 필요가 있다. 수행평가의 본래 개념은 교실 수업이 일어나는 상황과 유사한 실생활 상황에서 개인의 문제해결능력을 평가하는 것이다. 즉 수행평가는 교실에서 배운 지식이나 기능을 실제적인 생활과 연관지어 수행해 내는 것과 관련이 있다. 수행평가의 쉬운 예는 박사학위 논문을 써서 통과하는 과정을 들 수 있다.

사람은 누구나 본능적으로 쾌락을 추구하려는 속성을 가지고 있다. 자신이 잘하는 일이나 좋아하는 일을 하면 기분이 좋아진다. 그 이유는 자신이 좋아하는 일을 하면 쾌감물질인 도파민이 우리 몸속에서 분비되어 뇌를 흥분시키기 때문이다.

누구에게나 강점지능은 있다. 부모가 자녀의 강점지능을 알고 키워나가는 것이 중요하지만, 자녀 스스로가 자신의 강점지능이 무엇인지 찾아낼 수 있도록 돕는 노력이 무엇보다 필요하다. 그 조력기능의 하나로 칭찬은 돋보인다. 칭찬은 강점지능을 찾게 해주는 열쇠다. 강점지능을 알고 있는 사람은 성공 인생의 레시피를 쥐고 있는 사람이다. 그는 진로를 선택하고 험난한 인생을 성공적으로 살아가는 중요한 이정표 앞에 서 있다. 성공을 위해 칭찬에 인색할 이유가 있을까?

05

다양한 문제해결능력을 길러라

많은 사람들은 천재라고 하면 선뜻 아이큐가 높은 사람이라고 생각하기 십상이다. 보통 기억력이나 지적능력이 뛰어난 사람을 천재라고 말한다. 하지만 미래 사회는 자신이 하고 싶은 일 자체에 대하여 열정을 가지고 문제를 해결하는 사람이 천재가 될 수 있다.

고위 공무원을 뽑는 시험인 행정고시에서도 공직적격성평가(PSAT)라 하여 언어논리영역, 자료해석영역, 상황판단영역으로 나누어져 있다. 시험의 목적은 단순이 암기력으로 승부하는 것이 아니라 자료를 신속히 분석하고 문제를 판단하는 것에 있다. 곧 단순지식이 아니라 문제해결능력을 평가하는 방식이다.

최근 많은 기업에서도 신입사원을 채용할 때 머리 좋은 사람보다는 인간성이나 사회성이 좋은 사람을 선발하는 것도 이런 이유 때문이다. 하지만 미래의 천재의 모습은 단순히 활력이 넘치는 에너지가 있어 보이는 사람 정도로만 생각해서는 안 된다. 열정의 근원은 자신에게 주어진 일에 소명의식과 자부심을 가질 때만이 비로소 위력을 발휘할 수 있고 좋은 결과를 기대할 수 있다.

주목할 것은 뛰어난 사람이라 할지라도 천재가 되기 위해서는 자신의 열정과 주변의 관심이 함께 있어야 한다. 자신이 가지고 있는 인재의 특성을 일찍 발견하고 나아가 잠재능력을 계발할 수 있는 열정을 가져야 한다. 성공한 사람들을 보면 모든 일을 할 때 미칠 정도로 끈기와 인내를 가지고 살아간다.

진짜 천재는 강한 승부 근성을 가지고 있어야 한다. 여기서 승부의 근성이란 웬만한 위험에 노출되어도 쉽게 포기하지 않는 불굴의 의지와 이를 극복하려는 억척스러움이 녹아 있는 개념이다. 어려운 일이 닥칠 때마다 좌절하지 않는 용기와 맡은 일에 최선을 다하는 근성과 실행력이 뒷받침되어야 한다.

치열한 비즈니스에서 유일하게 살아남을 수 있는 방법은 철저한 자기관리와 위기대처 능력이다. 항상 남들이 독종이라고 말할 정도로 과감하게 행동하여야 한다. 프로에는 평등은 없다. 다만 유능한 사람 중에서도 리더는 따로 정해진다. 야마다 감독의 평소 지론이다. 승부 근성을 가지지 않으면 프로에서 살아남을 수 없다는 것, 다소 냉정하기는 하지만 누구도 부정할 수 없는 프로의 진리일 것이다.

전 주니치 드래곤즈 감독이었던 야마다 히사시는 통산 284승이라는 경이로운 기록과 일본 프로야구에서 3년 연속 MVP를 수상하고 12년 연속 개막 투수, 17년 연속 2자리 승리, 올스타 통산 7승 등 다수의 눈부신 기록을 수립한 일본 프로야구계의 거목 투수였다고 한다.

흡수력이 높은 사람일수록 성공할 확률이 높다. 미래 사회는 새로운 것을 배우고 소화하는 능력과 함께 주어진 문제를 지혜롭게 해결해낼 수 있는 사람이 진짜 천재다. 이런 능력을 소위 흡수능력이라고 한다. Cohen과 Levinthal이라는 경영학자는 이러한 능력을 관련된 사전 지식의 양과 노력의 강도에 의해 결정된다고 지적한다.

아무리 아는 것이 많다 해도 끊임없이 새로운 것을 배우려는 자세로 노력하지 않는다면 그 사람의 지식은 금세 진부해진다. 하지만 지식의 양이 조금 모자란 사람이라 할지라도 배우려는 욕망과 열정이 넘쳐 꾸준히 노력하는 사람은 장기적으로 우수한 인재로 성장할 가능성이 높다. 평소 문제해결능력을 길러야 살아남을 수 있다.

일반적으로 기업이 인재를 확보하고 육성할 때, 전력에 부응하는 사람을 이야기할 경우가 많다. 하지만 기업은 지금 당장 큰 성과를 내기에 턱없이 부족한 지식과 능력을 보유한 구성원이라고 여겨질지라도, 배우려는 욕망과 의욕이 넘치는 구성원에 대해서는 이들이 충분히 성장할 수 있도록 지원하고 배려해 주어야 한다.

06

남보다 다르게 생각하고 행동하라

사람들은 흔히 '미래는 예측할 수 없다'는 말을 한다. 바꾸어 말하면 앞날을 예측할 수 없다는 것은 기회가 있다는 말로 해석된다. 아무도 시도하지 않았던 일을 자신만의 독특한 방식으로 추진할 수 있는 가능성이 가득찬 시대가 된 셈이다. 그래서 많은 학자들은 미래를 희망의 시대라고 부른다.

미래를 예측할 수 없기 때문에 남들이 경험한 성공 체험 같은 것을 답습해서는 절대 성공할 수 없다. 미래의 시대는 남들이 개척하지 않은 새로운 발상, 남다른 아이디어가 정말로 필요한 것이다. 이러한 아이디어를 창출하기 위해서는 남보다 다르게 생각하고 행동해야 생존경쟁에서 살아남을 수 있다.

실용지능과 생존경쟁이라는 말에 귀를 기울여보자. 이름 있는 대학을 나왔다고 좋은 직장에 들어가는 것은 절대 아니다. 실제적인 이야기이지만, 어느 중년의 남자가 두 명의 아들은 두었다. 큰아들은 서울에서 남들이 좋다고 하는 대학을 졸업하고 고시공부를 시작했지만 몇 년 동안 합격을 못해 동생으로부터 용돈을 받아쓰고 있는 실정이다.

그러나 동생은 지방 방송관련 전문대학을 졸업하고 서울 유명 방송국에 취직해 4년제 대학에 편입한 뒤, 낮에는 직장에서 일하고 저녁에는 야간대학을 다니고 있다. 큰아들은 그 집안의 기둥이요, 또 집안의 유일한 희망이기도 했다. 그러나 많은 시간이 흐른 지금은 상황이 180도 달라졌다. 큰아들은 지금도 고시촌에서 책과 함께 외로운 하루를 보내고 있지만 동생은 탄탄대로를 달리고 있다.

이는 가상적인 이야기가 아니다. 언제 어디서나 누구에게서나 일어날 수 있는 이야기다. 이쯤하면 실용지능이 얼마나 중요한지 실감할 수 있을 것이다. 실용지능이란 남과 다른 차별성에서 출발한다는 것을 알 수 있다.

실용지능 활용은 모든 영역에서 적용된다. 남다른 상품이 잘 팔리고, 손님이 몰리는 것은 당연하다. 무언가 다른 상품과 차별화되었기 때문이다. 대학을 졸업하고 취업을 고민하던 중 특별한 직업을 찾지 못해 꽃방에서 10여 년 동안 종업원으로 일을 하다가 화훼업계에서 성공한 사업가의 모습에서 실용지능의 중요성을 한 번 더 실감할 수 있을 것이다.

특별한 계기가 잠재된 실용지능을 불러일으키는 계기가 되었다. 종업원으로 일했던 곳은 서울의 한 여자대학 주변이었다. 그가 꽃방에서 맡은 일은 주인이 만들어 준 꽃다발을 배달해주는 것이 전부였다. 단지 생계를 연명하기 위해 어쩔 수 없이 해야만 하는 일이라고 생각했다면 한 치의 앞을 생각하지 않는 하루살이 인생밖에 못되었을 것이다. 그러나 그는 남보다 다르게 생각하고 행동한 것이다.

꽃방을 자주 이용하는 주 고객은 여대생이었다. 여대생은 다른 손님과 달라 감수성이 예민하다는 것을 느꼈다. 그가 배달한 꽃은 너무나 싱싱한데 손님들에겐 꽃 포장이 마음에 차지 않는 눈치였다. 한두 번이 아니고 여러 번 이런 불만을 쉽게 읽을 수 있었다. 그는 바로 '이거다' 하며 포장법을 배우기로 결심한 것이다.

새로운 포장법을 배우기 위해서 다니던 직장을 그만두어야 했다. 어렵고 힘든 나날을 보내야만 했던 것이다. 그러나 그는 꿈이라는 희망이 있었다. 직장을 그만두고 일본까지 가서 리본이며 레이스 등 손님이 쇼킹할 정도로 새로운 포장법을 개발한 것이다.

지금은 프렌차이즈 사업을 실시하여, 체인점만 150개에 이른다고 한다. 이런 성공은 우연히 이룬 것이 아니다. 남보다 다르게 생각하고, 땀으로 일구어 낸 보석과도 같은 열정 때문이다.

이것이 바로 그가 꼽은 첫 번째 성공 비결이다. 그는 색다른 업종을 찾아 성공하려고 하기보다는 늘 곁에 있는 것을 선택하여 색다른 운영을 해 볼 것을 권한다. 그가 꽃바구니와 꽃다발이 아닌, 포장과 배달로 성공한 것처럼, 색다른 업종을 한다는 것 자체가 위험 요소를 안고 있다고 말한다.

어려운 시기에 인생을 사는 방법이란 다름 아닌 새로운 것을 찾고 발굴하는 것이다. 내일을 개선하기 위해 인생의 쓰라린 시기에 나태해지지 않고 부지런히 정진하는 것이 그 방법이다. 노하우란 쓴 시절을 보내고 얻은 단 열매와 같다.

세상의 모든 것이 자기 것이라고 생각하고 살아라. 회사의 종업원이라도 자신이 운영하는 사장이라고 생각하고 행동을 하여야 한다. 마치 회사의 지분을 100% 소유하고 있는 것처럼 행동하라. 책임감을 가지고 일을 하면 할수록 새로운 아이디어가 떠오를 것이다.

07

우뇌의 힘이 성공을 좌우한다

생존경쟁에서 살아남기 위해서는 우뇌의 힘을 길러야 한다. 사람의 우뇌와 좌뇌를 비교해 보면 우뇌에 잠재되어 있는 힘이 좌뇌보다 10만 배가 넘는다는 조사결과가 나왔다. 우뇌는 무한한 가능성이 있다는 말로 해석된다. 좌뇌 중심으로 산다는 것은 자기가 가진 능력의 1%도 사용하지 못하고 죽는다는 것과 같은 결과다.

알버트 아인슈타인도 "나는 언어로 생각하지 않는다. 생기 있게 움직이는 형태와 영상으로 생각한다. 이런 것들을 종합해서 언어로 옮기려고 노력한다"는 말을 하여 사람은 우뇌 인간임을 단적으로 보여준다.

우리 두뇌의 한쪽은 언어적(논리적) 사고를, 다른 한쪽은 비언어적(영상, 소리) 사고를 담당한다. 보통 우리 좌뇌는 이성적이고 분석적,

합리적인 사고를 하는 반면, 우뇌는 감성적이고 이미지적인 사고를 한다. 정보를 저장하고 보관하는 방법도 다르다. 좌뇌가 살아가면서 얻은 경험이나 지식을 뇌에 입력해 만든 기억의 창고라면, 우뇌는 태어나면서부터 선물 받은 인류의 보물창고라고 할 수 있다.

우뇌는 그림이나 음악 감상, 스포츠 활동 등 직관적으로 상황을 파악하는 감각 분야의 발달에 매우 중요한 역할을 한다. 모나리자, 최후의 만찬 등 다빈치의 뛰어난 예술작품은 우뇌 발달의 소산이다. 하지만 우뇌의 기능저하가 오게 되면 감각능력이 떨어지기 때문에 정서조절이나 비언어적 의사소통이 원활하게 이루어지지 못하고, 상태가 심할 경우에 환경에 쉽게 적응하지 못하고 낯선 환경에 접하게 될 때 불안감, 긴장감, 대인기피증까지 나타날 수 있다.

똑똑한 두뇌를 만드는 칭찬은 우뇌의 발달에 큰 영향을 끼친다. 칭찬을 많이 할수록, 우뇌는 점점 더 건강해질 수 있다. 우뇌는 항상 긍정적인 사고를 할 때 발달한다. 칭찬은 긍정적인 사고를 시작하는 계기를 만들어 준다. 우뇌를 촉진하는 육아 십계명에는 '열 번의 체벌보다 한 번의 칭찬이 낫다'라는 말이 있다. 칭찬이 성장하는 아이에게 자신감을 갖게 만들어 주고 삶에 대한 긍정적인 태도를 형성시킨다는 의미이다.

미래에 성공한 자신의 모습을 머릿속에 지속적으로 그려보는 것도 우뇌의 발달을 촉진시키는 데 도움이 된다. 어떤 사건이나 그림, 과거나 미래를 머릿속에 그려 보면서 이미지력과 공간적 인식력을 키우는 것은 창의력과 직결되고 이는 우뇌발달을 자극하는 열쇠가 된다. 또한 아름다운 그림을 감상하고, 아름다운 음악을 듣는 것은 단순한 오락의 영역을 넘어서 뇌를 적극적으로 활동하게 하는 것이다. 즉 우아하고 품격 있는 예술 감상도 우뇌의 문을 여는 방법이다.

흔히 기업을 좌뇌형과 우뇌형으로 나눈다. 우뇌형 기업은 창의성이나 혁신성이 강한 문화를 가지고 있는 것이 특징이다. 이들 기업은 좌뇌형 기업에 비해 직원들이 유연한 사고를 통해 참신한 아이디어를 창출하여 부가가치를 높일 뿐만 아니라 생산성 향상에 기여한다.

우뇌형 기업의 성장전략이란 다름 아닌 칭찬을 이용한 것이다. 세계적으로 스카치 테이프나 포스트 잇 등으로 유명한 3M은 대표적인 우뇌형 기업이다. 이 회사는 근무시간의 15% 정도를 업무 외 창의적인 연구에 활용하도록 함으로써 조직원들의 혁신적 사고와 창의성 향상에 역점을 두었다. 독창적인 아이디어나 성과를 낸 직원에게는 금전적 보상은 물론 다양한 시상제도를 운영하였다. 이러한 전략은 성공을 거두었고, 이것이 가능했던 이유는 '참신한 신기술을 활용한 제품으로 승부하자'는 그 기업의 창업정신과 모든 구성원들이 사소한 아이디어 하나도 놓치지 않고 제품개발에 반영하려고 노력한 결과와 인간의 심리를 자극한 칭찬의 결과이다.

우뇌의 힘이 성공을 좌우한다. 갓 태어난 아이는 좌뇌에 어떤 장애가 생겨도 어머니의 젖을 빨 수 있지만, 우뇌가 잘못되면 젖을 빨지 못한다. 의식하지 않고 행동하는 본능은 우뇌의 영역이기 때문이다.

우뇌의 힘을 길러야 한다. 칭찬을 많이 하면 할수록 우뇌의 힘은 더 커진다. 다행스럽게 우리 사회 곳곳에서 '우뇌형 교육' 바람이 불고 있다. 많은 사람들이 칭찬에 메말라 있다. 힘을 내어, 용기를 내어, "정말 잘했어", "역시 당신밖에 없어", "자네가 한 일은 틀림없군"과 같은 한 마디 칭찬은 우뇌의 힘을 길러주고 키워준다.

우뇌의 힘은 우리가 생각하는 것 이상으로 무궁무진하다. 인간이 생존하는 데 가장 중요한 본능이나 자율신경계의 활동, 도덕, 윤리관 그리고 우주의 법칙까지 인류가 과거에 경험을 통해 얻은 최적의 생존정보가 바로 이곳 우뇌에 있다는 사실을 알아야 한다.

08

뇌를 젊게하는 방법을 배워라

최근 미국의 한 대학 연구팀이 27세부터 본격적인 뇌의 노화가 시작된다는 발표를 하였다. 정말 충격적인 이야기다. 하지만 자연적인 현상을 충격으로만 받아들여서는 안 된다. 우리 뇌는 수천억 개의 신경세포와 그것을 잇는 네트워크로 구성되어 있다. 나이가 들면 신경세포가 감소하는 것은 사실이지만 수량은 충분하기 때문에 지능저하에 큰 영향을 미치지는 않는다. 보다 중요한 것은 노화에 대한 우려와 태도를 바꾸는 것이다. 정신적인 건강이 노화를 막을 수 있다는 말로 풀이된다.

일생 동안 살아가면서 두뇌의 기능이 서서히 줄어드는데 반해 유일하게 사용 여부에 따라 늘어나는 곳이 하나 있다. 바로 그 곳이 '해마'이다. 해마는 유일하게 세포가 교체되는 곳이기도 하다. 그래서 해마를 기억의 제조공장이라고 부르는 이유이기도 하다. 좋고 싫음과 같은 감정을 담당하는 것이 편도체라면, 해마는 이러한 정보가 필요한지 여부를 판단해서 생존에 필요한 것만 기억하게 하고, 나머지는 버리는 역할을 한다.

운동하면 신체의 산소 소비량을 늘리기 위해 신체를 단련하는 주로 걷기, 달리기, 수영, 자전거 타기와 같은 유산소운동과, 팔굽혀펴기, 씨름, 역도 등 무거운 것 들기와 같은 무산소운동이 있다.

유산소운동은 심장의 박동수를 올려주고, 폐의 활성도를 높여주고, 전신에 혈액 순환의 양을 크게 늘려주는 역할을 한다. 특히 뇌로 가는 혈당량을 크게 늘려주어 뇌기능을 활성화시킨다. 사람의 기분을 조절해 주는 물질 중의 하나인 토르에피네프린과 같은 신경전달물질을 조절하여 우울한 기분을 감소시켜 준다. 또 스트레스 호르몬의 하나인 코티졸의 과도한 작용을 분산시키는 역할을 하게 된다.

세상에서 걷는 것보다 더 좋은 운동은 없다. 걷기 운동을 하면 열량의 원천으로 되는 피 속의 중성지방이 소비된다. 중년에서 노년기에 접어들면 사람들은 젊은이들에 비해 걷기 운동에 의해 혈당이나 중성지방이 낮아지는 속도가 빠르다. 걷는 운동은 식사를 한 다음 1시간 정도 하는 것이 건강을 유지하는 데 큰 도움이 된다.

평소 운동을 하거나 몸을 움직이면 땀을 흘리기 마련이다. 땀을 흘리고 나면 당장 기분이 좋아진다. 그 이유는 체내에 쌓인 지방이 점점 감소되고, 생활에 활력이 생기면서 몸에 강한 에너지가 충전되기 때문이다. 규칙적으로 걷는 운동을 하면 더 효과적이다. 급격한 에너지가 소모되지 않기 때문에 지방 세포로부터 에너지가 추출되어 자동적으로 활동력이 높아진다.

운동을 하고 흘리는 땀은 유산소성 에너지 대사 과정 중 탄수화물이나 지방을 사용하여 태워진다. 땀은 체온이 37℃가 넘어갈 때 열을 배출하는 것이다. 99%의 물과 나트륨, 염소, 칼륨, 마그네슘, 암모니아 등의 이온으로 구성된 묽게 탄 소금물과 같다.

몸을 움직이고 나면 기분이 좋아지는 것도 이런 이유 때문이다. 몸을 움직이면 잠잘 때 뇌에서 나오는 메라토닌과 성장호르몬이 분비되기 때문이다. 나이가 들어감에 따라 활동량이 줄어들게 되면 자연히 노화도 빨리 오게 된다.

이 호르몬은 사람의 고통을 경감시켜 주는 효능이 있다. 우울증이나 스트레스 예방에도 큰 도움이 된다. 걷고 나면 기분이 좋아지는 이유도 이 호르몬 때문이다.

꾸준한 운동은 우리 신체의 체중을 조절해 주고 저체중이나 비만과 같은 과체중을 방지하여 자신의 몸에 대한 자신감을 가질 수 있도록 도와준다. 장기적으로는 심장질환이나 각종 질병으로부터 예방하여 주어 건강한 삶을 살아가는 데 많은 도움을 준다.

새벽 운동을 하는 사람들이 늘고 있다. 새벽 운동을 하면 기분을 좋게 하는 아드레날린이라는 물질이 왕성하게 분비되어 기분을 상쾌하게 해 주지만, 심장병이라든지 다른 질병을 가진 사람들은 새벽 운동을 하면 몸에 무리가 올 수도 있어 조심하여야 한다.

뇌를 젊게 하는 방법은 결국 정신건강과 몸의 건강에 있다는 것을 알 것이다. 긍정적인 사고, 웃음, 신체를 적절히 움직여 주는 운동이야말로 우리의 뇌를 젊게 하는 것임을 다시 한 번 생각하고 실행하는 것은 어떨까?

09

감성지수를 높여야 성공한다

지식보다 감성이 중시되는 사회가 되었다. 예전의 IQ(지능지수)보다 EQ(감성지수)나 NQ(공존지수)의 중요성이 대두되는 것을 보아도 알 수 있다. 오늘날의 사회는 성격도, 취미도, 추구하는 이상도 서로 달라 다양한 새로운 무엇인가를 추구한다.

그래서 다가오는 미래는 가치를 보다 폭넓게 추구하고 인간 상호간의 감정적 교감을 중시하는 방향으로 발 빠르게 변모하고 있다. 즉 이전의 지식 추구형 인간에서 교감하고 공존하는 인간으로서의 변모가 현대의 대세라고 해도 지나치지 않다.

많은 사람들은 한국에서 성공하려면 'ㄲ'자로 시작하는 여섯 가지가 있어야 한다고 한다. 바로 꿈, 꾀, 꼴, 끈, 끼, 깡이다. 꿈은 이상이고, 꾀는 지혜고, 꼴은 외모이고, 끈은 연고이고, 끼는 소질을 말하고, 깡은 끈기를 의미한다. 이 단어들 속에는 자신이 가지고 있는 감성을 내포하고 있다.

하버드대 다니엘 골맨 교수는 성공하는 사람들을 사회학적으로 분석하여 두 가지로 요약했는데 IQ가 20%, EQ가 80%라고 한다. IQ가 높은 것이 그 사람의 성공과 행복한 삶에 기여하는 것은 불과 20%에 그치고 나머지 80%는 EQ의 높고 낮음에 따른다는 평가까지 나오고 있어 현대사회에서 감성지수의 중요도를 단적으로 보여주고 있다.

오늘날 사회는 하루하루가 다르게 변화하고 있다. 과거에는 일류대학 출신을 몇 명 채용했느냐에 따라 그 회사가 좋고 나쁨을 평가를 받았지만, 지금은 단지 머리가 우수한 사람보다는 실용적인 지능이나 정서지능이 높은 사람을 선발하는 추세이다.

사회적으로 성공 가능성이 높은 사람은 어떤 사람일까? 결론적으로 말하면 지능지수가 높은 사람보다는 감성지수가 높은 사람이다. 사회적으로 성공한 사람들을 살펴보면 지능이 뛰어난 사람보다는 인간관계를 잘 하는 사람이 더 많다. 즉 감성지수와 공존지수가 중요하다는 말이다.

감성이 풍부한 사람들은 사회생활을 하면서 보다 친밀한 관계를 유지하고, 모든 일을 책임을 가지고 처리하며, 동정심과 포용력이 뛰어나 성공할 확률이 높다.

직원채용을 할 때도 실용지능은 무엇보다 중요하게 여겨진다. 사우스웨스트 항공사가 인재선발시 '유머감각'과 같은 태도 요인을 집요하게 심사해 채용하는 것도 실용지능에 대한 중요성을 나타내주는 예이다. 또한 시스코사는 혁신문화에 적합한 인재 유치를 위해 전문적인 지식이나 직무능력보다는 대인관계, 팀웍이나 개인의 행동과 관련된 소프트한 스킬을 80%나 반영하고 있다.

성공한 사람들을 보면 대부분 감성지수가 높은 편이다. 감성지수가 높은 사람은 남의 입장이 되어줄 수 있는 사람이다. 또한 공감은 타인의 생각이나 느낌을 대리적으로 느끼는 능력이기도 하다.

자신이 몹시 배가 고파서 고통스러웠던 경험을 통해 다른 사람의 입장에 감정이입하여 남의 배고픔도 느낄 수 있다. 또한 자신의 먹을 것을 나누어 주는 배려된 행동으로 나아가게 된다. 이러한 측면에서 공감은 사회생활에 필수적인 능력이라고 할 수 있다.

스텐버그를 비롯한 많은 학자들은 학업에서의 수행과 실생활에서의 수행이 구분되어 평가되어야 하는 이유를 설명하고 있다. 공부와 관련된 문제와 일상생활이나 직업생활 문제의 특성이 다르다는 것이다. 학교 공부와 관련된 문제는 다른 사람이 만든 것이어서 문제해결 당사자의 흥미를 유발시키지 못한다.

반면 일상생활이나 직업생활에서 일어나는 문제는 문제해결자 각자가 무엇이 문제인지를 인식하고 규정해야 하며 문제해결자 스스로 동기가 부여돼야 한다. 문제해결에 대한 정보가 미리 제공되지 않으므로 각자 정보를 얻어야 하고, 문제해결의 방법과 해답이 여러 가지

일 수 있으며, 개인의 경험 수준에 따라 문제해결의 과정과 결과의 질이 확연하게 달라진다는 사실이다.

조직이나 직장생활에서 가장 인기 있는 사람은 다른 사람을 배려해 주는 사람이다. 그런 사람들의 감성은 따뜻하고 감싸주는 위로형이다. 그와는 반대로 이기주의자나 개인주의자, 이성주의자는 어느 곳에서도 제대로 정착하지 못한다. 집안 식구들조차도 멀리하고 싫어할 만한 사람들이다. 그들의 감정은 삭막하게 말라 있는 사막의 막대기처럼 되어 있기 때문이다. 차갑고 싸늘한 사람 곁에는 사람이 다가서지 않는다.

이성적으로만 판단하는 사람들 곁에는 이성적인 사람들만 있기 때문에 감정이 없다. 감정이 없으면 동물이나 다름없다. 동물은 생존만이 전부이다. 그런 부류의 사람들은 죽고 사는 것에만 관심이 있을 뿐, 다른 사람을 배려하고, 상대방을 존중하며 높여주는 인정있는 모습을 찾아볼 수 없다.

성공을 하려면 머리를 잘 쓰는 것보다 마음을 잘 쓰는 것이 중요하다. 머리 좋은 사람보다 마음 좋은 사람이 훨씬 빠르게 성공한다. 성공하기 위해 끊임없이 감정지수를 높이는 훈련을 하여야 한다. 그렇다. 당신의 성공지수는 실용지능에 달려 있다. 이성과 감성을 동시에 놓치지 않는 사람이 실용지능을 제대로 활용할 줄 아는 사람이다.

10

잠자고 있는 두뇌를 깨워라

사람의 잠재력은 무한하다. 그러나 안타깝게도 사람들은 자기가 가진 잠재력을 모두 사용하지 못하고 죽는다고 한다. 태어날 때 부모로 받은 잠재력을 10%만 사용해도 성공한 사람이라고 한다.

천재 아인슈타인도 자기 잠재력을 15%밖에 사용하지 못했다고 한다. 인간이라면 누구나 많은 잠재력을 가지고 있다. 두뇌 발달은 사람에 따라 다르지만, 늦게 발달한 사람도 있다. 그래서 두뇌를 평생 동안 깨워야 한다는 말에서 나온 것이다.

두뇌 발달이 늦어서 책을 잘 읽지 못하고, 단순한 숫자조차 계산하지 못했던 지진아가 세계적인 인물로 선정된 사람도 있다. 바로 영국의 최대 그룹으로 불리는 버진 그룹의 리처드 브랜슨 회장이다.

그가 엄청난 성공을 이룬 것은 다름 아닌 머릿속의 두뇌만이 아닌 제2의 두뇌인 내장과 제3의 두뇌인 심장의 지능을 모두 사용하여 자신의 내면의 잠재력을 꾸준히 계발하여 자기와의 싸움에서 승리했기 때문이다. 머리 한 개만으로 살아가려는 사람들은 '플러스 나인(사람이 사용하지 않는 90%의 잠재능력을 계발하자는 것)'을 이루기가 힘들다며 결국 머리로 버티는 인간은 공룡처럼 사라질 것이라고 말했다.

리처드 브랜슨의 성공 요인은 모자라는 두뇌능력을 심장과 내장 두뇌라는 더 중요하고 영향력이 있는 곳에서 잠재능력을 계발한 것이 바로 성공의 시발점이요, 원동력이 된 것이다. 심장신경학 분야의 과학자들은 심장에 자체적이고 고유한 두뇌 세포군이 4만 개 정도 있다는 것을 밝혀냈다.

천재는 단순히 IQ가 높고 낮음에 따라 판단할 수 있는 것이지, 종합적인 자질을 판단하는 것은 절대 아니다. 지능이 뛰어난 사람은 다른 사람보다 IQ가 높을 뿐이니 자신의 지혜를 종합적으로 응용할 수 있는 능력을 기르고 잠자고 있는 두뇌를 깨워 종합적인 지혜를 키우라는 말로 풀이된다.

잠자고 있는 잠재력을 깨우기 위해서는 매사에 긍정적인 사고를 하고, 리처드 브랜슨처럼 자기계발에 힘써야 한다. 그리고 자기가 좋아하는 일을 스스로 찾아 열정을 가지고 자기 주도적인 삶을 살아야 한다.

자기에게 흥미 있는 일을 찾아서 하면 무엇인가 성취의욕이 생기기 마련이다. 자신을 되돌아보는 피드백 과정을 통하여 자동적으로 잠재능력을 키우고 자신감을 기르는 것도 하나의 좋은 방법이 될 수 있다. 끊임없이 잠재능력을 깨우는 노력이 필요하다. 내가 멈춰 있으면 자신감도 멈추지만, 내가 움직이고 행동하게 되면 자동적으로 자신감도 생기기 마련이다.

미국의 스롤리 블로트닉 연구소에서는 1,500명을 대상으로 20년 동안 자신의 직업과 부와의 상관관계를 2개 그룹으로 나누어 설문조사를 하였다. A그룹은 자기가 하고 싶은 일은 나중으로 미루고 돈 버는 직업을 선택한 사람들이 83%를 차지했다. 반면에 B그룹은 돈 문제는 고려하지 않고 자신이 하고 싶은 일을 최우선으로 생각하여 직업을 선택한 사람들이 17%가 나왔다.

이런 결과를 보면 인생의 우선순위를 돈이나 명예에 두는 것이 아니라 자기가 좋아하고 재미있는 일에 두라는 말이다. 또 이들을 20년간 추적하여 조사한 결과 1,500명 중에서 억만장자가 101명이 탄생했다는 것이다. 더 놀라운 것은 10명의 억만장자 중에서 단 한 명을 제외하고는 100명이 B그룹에서 나왔다고 한다. 사람들은 자신이 하고 싶은 일을 할 때 활력이 넘치게 되어 자신의 능력보다 더 많은 능률과 결실을 맺을 수 있다는 것을 입증한 놀라운 결과이다.

부자나 성공한 사람들의 공통점은 자신이 좋아하고 재미있는 일을 한다는 특징을 가지고 있다. 자기가 하는 일에 좋아하게 되면 열정이 생기고 창의성이 솟구치기 마련이다. 또 좋아하는 일을 하면 할수록 자신도 모르게 몸에서 엔도르핀이 나오게 된다. 자신이 좋아하는 일을 하기 때문에 남들이 별 볼일 없는 일이라고 해도 자신은 항상 즐거운 마음으로 살아갈 수 있다.

당신의 몸 안에는 훌륭한 잠재력이 잠자고 있다. 당신이 성공적인 삶을 살기를 원한다면 잠자고 있는 두뇌를 깨워야 한다. 그리고 하고 있는 일에 좋아하고 재미있는 일처럼 하라. 그러면 당신은 훗날 세상에서 가장 아름다운 사람으로 보일 것이다.

“

잠자고 있는 잠재력을 깨우기 위해서는

매사에 긍정적인 사고를 하고,

리처드 브랜슨처럼 자기계발에 힘써야 한다.

그리고 자기가 좋아하는 일을 스스로 찾아

열정을 가지고 자기 주도적인 삶을 살아야 한다.

”

제2부

성공은 노력하는 사람에게 찾아간다

01

아침형 인간이 되어라

시간은 곧 경쟁력이다. 재화의 경쟁력이 가격과 품질, 그리고 사후관리에 있다면 사람과 사람간의 경쟁력의 차는 시간의 적절한 배분과 활용에 있다. 시간이 없을 정도로 빡빡한 일상을 보내고 있더라도 자기를 연마하는 시간이 있다면 경쟁력이 있는 사람이 되고, 또 그 경쟁력은 인간의 삶을 더욱 살찌게 만들어 줄 것이다.

일벌은 계절에 따라 다소 다르지만 많은 양의 꿀과 부산물인 화분, 프로폴리스를 채집하고 운반하기 위하여 아침 일찍 벌통의 소문을 나선다. 특히 봄철 유밀기에는 다른 때보다 아침형 꿀벌이 된다. 이른 아침에 나간 만큼 많은 양의 꿀과 부산물을 가져온다. 하지만 늦게 소문을 나선 일벌들은 일찍 일을 나간 일벌에 비해 먼 거리를 다녀야 하고 아침형 꿀벌에 비해 적은 꿀과 양봉 부산물을 가져오기 마련이다.

아침 시간을 활용하는 사람들이 많아지고 있다. 특히 시간 여유가 많지 않은 직장인들은 아침 시간을 이용해 영어강의를 듣거나 운동을 하는 경우가 많다. 퇴근 이후에는 참석해야만 하는 회식이나 특별한 일정들이 꼭 생기는데, 아침 시간은 스스로 일정을 만들지 않는 한, 돌발적인 일정이 생길 일이 거의 없기 때문이다.

아침 시간은 하루 중 가장 능률이 높은 시간이면서 주위 환경이 조용하고 아무에게도 방해받지 않는 때이다. 어느 시간보다도 집중력을 높이면서 효율성이 있는 시간을 보낼 수 있다. 또 아침시간은 이성적인 활동에 유리하고, 저녁시간은 감성적인 활동에 더 유리하다는 말이 있다. 그래서 이성을 깨우는 아침형 인간이 날로 늘어가고 있는지도 모른다.

CEO들의 대다수는 아침형 인간이다. 어느 설문조사에 의하면 조사대상 70명 가운데 67명이 '나는 아침형 인간'이라고 대답했다. 응답자의 95.7%가 아침형이다. 적어도 성공까지는 몰라도 기업의 CEO나 리더가 되려면 저녁형보다는 아침형으로 라이프 사이클을 바꾸는 것이 유리하다는 것이 이번 설문조사의 핵심이다.

하루 일과 중에 오전 6~8시가 두뇌활동이 가장 좋아져 집중력이나 판단력이 활발한 시간이다. 뇌세포가 활성화되는 이른 아침 1시간은 낮의 3시간과 거의 맞먹는 시간이다. 이는 아침형 인간이 날로 늘어가고 있는 이유의 반증이기도 하다. 그러나 '전날 밤에 몇 시에 잠자리에 드는가'는 파악되지 않아 많은 사람들에게 아쉬운 여운을 남겼다.

보통 사람이 숙면하기에 가장 좋은 시간대는 새벽 2~4시이다. 체온이 낮을 때 숙면을 취할 수 있는데, 보통 사람의 체온은 오후 2시경에 최고점에 달하고, 새벽 2~4시경에 최저가 된다. 말하자면 체온이 최저인 시간이 숙면하기가 가장 적당한 시간이라는 말이다. 깨어 있는 것이 더 효율적이라는 이야기와 같다.

아침에 일찍 일어나기 위해서는 보다 깊은 잠을 자야 한다. 수면은 양보다 질이 문제다. 오래 자는 것보다 짧은 시간이라도 숙면을 취하는 것이 중요하다. 하루 3시간밖에 자지 않는 사람의 뇌파를 조사해 본 결과, 수면의 질은 8시간 잔 사람과 크게 다를 바 없는 것으로 나타났다. 짧지만 깊은 숙면이 분산되고 긴 수면에 비해서 효율적이라는 말이다.

하루 8시간을 자야 한다는 고정관념을 버려야 한다. 지나친 수면은 오히려 건강을 방해한다. 과도한 수면으로 신체 전반의 세포를 지나치게 쉬게 하는 것은 노화를 촉진시키는 결과가 된다. 낮 동안 충분히 소비하지 못한 채 다시 잠을 자면 에너지 과잉에 빠지는 악순환이 거듭된다. 수면시간이 짧아지면 교감신경의 활동이 활발해져 호르몬 분비가 촉진되어 결과적으로 건강한 몸을 유지할 수 있다.

시간은 어느 누구에게나 공평하게 주어진다. 그러나 똑같이 주어진 시간을 소모했으면서도 성공한 사람과 그렇지 못한 사람이 있기 마련이다. 그 차이는 바로 시간을 어떻게 관리하고 사용했느냐에 따라 결정된다. 저녁형 인간으로 성공하기 보다는 아침형 인간으로 성공할 확률이 더 높다면 지금이라도 바꾸는 노력을 해보는 것이 어떨까.

02

스스로 자산관리사가 되어라

인간의 욕구는 무한하다. 소득이 증가하고 생활이 윤택해짐에 따라 자연히 소비도 증가하기 마련이다. 다만 소득의 증가에 비하여 소비는 급격하게 변하지 않는다. 소비는 일정한 패턴을 유지하는데 이를 항상소비라고 한다.

항상소비는 일정한 소득을 전제한 것으로 항상소득 하에서는 항상소비가 성립한다. 그러나 정기적인 소득이 아닌 복권당첨금이나 보너스 같은 임시 소득이 발생하였다면 그 소득은 일정한 소비의 패턴을 변화시킬 수 있다.

한편 소득의 급격한 변화가 있었다고 하더라도 당장 소비를 줄이는 것은 그리 쉬운 일이 아니다. 가령 잘 살던 사람이 갑자기 살기 어려워졌다고 해도 그리 소비 습관은 갑작스럽게 변하지 않는다. 소득의 급격한 변화가 있더라도 소비의 급격한 변화에 제동을 걸기 위하여 쐐기를 박아야 한다는 것이 소위 '쐐기이론'의 핵심이다.

이 이론은 브라이언 트레이시가 주장을 했다. 미래 소득 증가분에서 50%는 저축하는 습관을 들이는 것이 현재 소비구조를 바꾸려고 시도하는 것보다 훨씬 효과적이다. 소비는 일정함을 유지하기 때문에 증가하는 소득에 비하여 저축하라는 말이다. 수입이 점점 늘어나면 지출도 수입에 걸맞게 늘어난다는 파킨슨 법칙과는 아주 구별된다.

저축도 일종의 투자이다. 그러므로 행복한 미래를 살아가기 위해서라면 향후 수입 증가분의 50%를 저축하는 습관을 가져야 한다. 그렇게 함으로써 부채도 줄이고 재정적으로 자립을 이룰 수 있다.

평소 저축하는 습관을 기르는 것이 중요하다. 매년 자신의 목표재산이 어떻게 관리되고 있는지 관심을 가지는 것도 무엇보다 중요하다. 자신의 자산을 관리하는 자산관리사를 별도 둘 수 없는 입장이라면 스스로 자신의 자산을 관리하는 자산관리사가 될 필요성이 있다.

자산이란 말에 귀를 기울여 봐야 한다. 자산에는 부동산, 그림, 조각 같은 유형의 자산과 예금, 증권, 특허권 같은 무형의 자산이 있다.

최근 들어 부의 축척 수단으로 부동산이 각광받고 있다. 본질적으로 부를 늘리는 수단이라든가 윤리적인 수단 혹은 경제적인 효율성을 갖춘 수단이 못 된다. 저축은 노동의 대가와 더불어 거시적인 경제의 기초 수단이 되기에 더욱 값진 것이다.

다음은 자산관리사가 되어야 한다는 말을 유념해 보아야 한다. 자산관리사라면 어떤 일정한 원칙이 있어야 한다. 예를 들어 평범하지만 유용한 격언처럼 통용되는 말이 있다.

"달걀을 한 바구니에 담지 말라."

이 말은 투자 내지 저축의 필요성과 관련한 분산투자, 분산저축의 필요성을 제기하는 말이다. 자신만의 소신과 원칙을 가지고 자산관리에 심혈을 기울여야 한다. 세상에 아무 노력없이 공짜로 얻어지는 것은 하나도 없으니까 말이다.

저축하는 습관을 들이는 데에 도움이 될 만한 이야기를 해 보려고 한다. 당신은 자동조정장치로 운행하는 비행기가 미국 본토에서 하와이까지 가는 동안 비행시간의 95%가 항로에서 벗어난다는 사실을 알고 있는가? 이 이유는 간단하다. 바람 때문이다. 바람 때문에 항로가 계속 변경되어 자동조정장치는 몇 분마다 비행기의 항로를 수정한다. 이 장치가 기계적으로 컴퍼스의 방위각을 반복적으로 수정하는 것이다.

인생을 살아가다 보면 여정이 조금씩 바뀔 수 있다. 이때 현재 가고 있는 인생 항로를 무턱대고 수정하는 것이 아니라, 일정한 원칙을 가지고 수정할 수 있는 자동조정장치가 필요하다는 뜻이다. 고난이 닥쳐와도 본인이 소신을 잃지 않고 부자가 되기 위한 길, 저축하는 습관을 지속적으로 유지하게 하게 하는 힘 말이다. 그 힘은 비행기가 목적지에 무사히 도착하게 하는 것처럼 당신이 원하는 것을 성취하게 할 것이다.

어떤 사람에게 빌린 돈을 1주일 내에 갚으라고 하면 1주일이 다 되어서야 돈을 가져온다. 만일 똑같은 일이지만 2주일 내에 빌린 돈을 갚으라고 요구한다면 역시 2주일이 다 되어야 가까스로 빚을 갚게 된다. 이것은 인간의 불변의 법칙이다.

사람은 시간이 많으면 많을수록 여유를 부리기 마련이다. 한가한 노인이 조카딸에게 편지 한 장 써 보내는 데는 온종일 걸릴지도 모른다. 편지지를 찾고, 안경을 찾고, 주소를 찾아, 편지를 써서, 겨우 편지 한 통을 우체국에 붙이기까지는 시간이 예상보다 많이 걸린다. 여유를 부릴 수 있는 사람에게 있어 하루 24시간은 왠지 길지 모른다.

이쯤하면, 편지 한 통 써서 우체통에 붙이는 것보다 평소 자신이 자산관리사가 되는 것이 쉽다는 것을 몸소 느낄 수 있을 것이다. 적어도 일 년에 한 번씩은 컴퍼스의 방위각을 다시 맞추어 보고 안전한 여정을 위한 조정의 기회가 필요하다. 일종의 반추 혹은 되새김질이라고 할까. 이처럼 반추하고 목표를 향해 나아가는 당신은 성공이라는 목적지에 한 발 가까워질 것이다.

03

스타벅스에는 특별한 비밀이 있다

스타벅스는 광고를 하지 않는다. 미국 내에 있는 유명 커피 제품의 회사들은 많은 돈을 들여 커피를 마시라고 유혹하지만, 스타벅스는 절대 광고를 하지 않는 것이 특징이다. 다만 스타벅스 엔터테인먼트를 만들어 음반을 판매하고 있을 뿐이다.

스타벅스란 명칭은 허먼 멜빌의 소설 '모비 딕'에 나오는 고래잡이배 피쿼드(pequod)호의 일등 항해사의 이름 '스타벅(Starbuck)'에서 유래된 것으로 알려졌다. 그리고 특유의 초록색 원형 마크는 여인의 머리와 새의 몸을 가졌다고 전해지는 그리스 신화 속의 괴물로 '사이렌'의 형상을 응용해 만들었다.

사이렌은 아름답고, 달콤한 노랫소리로 지나가는 배의 선원들을 유혹해 죽게 하는 것으로 알려졌다. 이처럼 지나가는 행인의 발걸음을 스타벅스로 유인하겠다는 뜻으로 만들었다고 한다. 광고를 하지 않아도 많은 사람들이 모이는 그 이유가 바로 여기에 있다. 스타벅스는 커피가 아니라 브랜드를 판 것이다.

자판기 커피 한 잔에 500원, 이것도 비싼 편이다. 일부 음식점에서는 무료로 커피를 제공하거나 200원 이하로 파는 자판기도 많다. 그러나 스타벅스의 커피 한 잔은 5,000원 이상을 주어야 한 잔 마실 수 있다. 이렇게 가격이 비싼데도 많은 손님들이 줄을 서면서 모이는 그 이유는 과연 무엇 때문일까, 스타벅스의 특별한 비밀이 어디에 숨어 있지 않을까, 고민을 하지 않을 수 없다.

미국 시애틀 본사에서 16년 동안 커피 전문가로 일해 온 페티 로매인은 매일 1000컵 이상 커피를 맛본다. 그 이유는 전 세계적으로 같은 맛의 커피를 만들기 위해서다. 이런 전문가가 모여 어떻게 하면 더 좋은 커피를 만들 수 있을까, 어떤 맛을 내야 고객에게 더 만족감을 줄까를 매일같이 연구하였기에 스타벅스 커피의 본질이 흔들리지 않는 것이다.

스타벅스 매장에 들어서면 분위기부터 사뭇 다르다. 실내에 잔잔하게 흐르는 재즈음악, 가지런하게 진열된 원두커피며, 정성스레 거품과 브랜드를 담아주는 점원들의 모습이 젊은이들을 사로잡고 유혹했다. 스타벅스란 이름 자체가 고급스런 커피를 즐기는 신세대들의 코드가 된 지 오래되었고, 사람들에게 이런 코드를 공유하고 싶어하는 열풍을 불러일으켰던 것이다.

이곳을 찾는 사람들이 커피 한 잔을 사먹는 일이 마치 고급문화의 일부로 편입한 듯한 착각을 일으킬 정도로 인간의 심리를 자극하여 고객을 모았던 것이다. 마치 커피의 입맛을 하나의 미학적 취향으로 바꾸어 놓은 것이다.

스타벅스는 단순한 커피전문점이 아닌 사람과 사람을 연결해 주는 보통 커피전문점과는 다른 또 다른 문화공간이요, 인간의 삶과 질을 고양하는 장소라는 특별한 노하우를 가지고 있다. 또 스타벅스의 경영철학에 숨어 있다. 바로 나눔과 섬김의 이념이다.

경영전략의 기본에는 5P와 오감 마케팅이 있다. 5P란 People(사람), Product(제품), Place(장소), Price(가격), Promotion(판매전략)을 의미하고, 오감 마케팅은 좋은 그림을 보고(시각), 아름다운 음악을 듣고(청각), 향긋한 향이 가득한 커피를 마시는(미각) 행위 자체가 우뇌를 적극적으로 움직이게 하여 인간의 심리를 사로잡는 것이다. 이러한 본질, 경영전략, 정책을 가지고 스타벅스를 발전시켰다.

스타벅스에는 또 무엇인가 특별한 것이 있다. 본사에서 지정한 곡이 아닌 다른 음악을 함부로 매장에서 틀 수 없다. 아무리 좋은 음악이라도 일정한 시간이 지나 유통기간이 지나면 반납해야 한다. 매달 한 차례 100여 곡이 담긴 CD 2~3장이 각 매장에 공급된다. 콘셉트는 일정한 것은 물론이고, 1년이 지난 CD는 회수해 간다. 이곳에서 들을 수 있는 음악은 재즈음악과 팝 클래식, 노라 존스의 Dont' Know why 등이다.

이곳저곳에 커피전문점이 날로 늘어가고 있다. 바리스타 강의도 우리나라에서 인기가 많다. 경기침체에 따라 취미에서 창업에 대비하기 위해 배우려는 사람들이 많아지고 있기 때문이다. 지방자치단체에서 운영하고 있는 평생교육원에도 다른 강좌에 비해 수강생이 몰리고 있다.

스타벅스가 몇 십년 만에 세계적인 커피왕국을 이룬 것은 결코 행운이 아니라 인간의 오감을 자극하는 빛나는 보석과 그 보석을 녹슬지 않게 닦은 열정, 그리고 어떤 일에 끊임없이 노력한 필연적인 결과이다. 성과를 이루기까지 꾸준한 노력과 고객의 마음을 사로잡는 성실함에 기인한 결과물이 아닐까 생각한다.

04

교육을 통한 경제의 힘을 키워라

최근 고등학교 750명을 대상으로 '고교생 경제인식조사'에 따르면 응답자의 80.5%가 경제교육의 필요성에 인식을 같이하고 있었다. 또 학교 교육과정에 경제과목을 신설할 경우 교육의 시기에 대해서는 '빠를수록 좋다'라고 응답해 경제교육이 조기에 실시되어야 한다는 절실함을 확인하는 기회가 되었다.

그러나 불행하게도 응답자의 67.7%가 신용불량자가 되더라도 다시 '신용회복을 할 수 있을 것'이라고 대답해 신용불량자 문제에 대한 심각성을 느끼지 못하고 있는 것으로 나타나 두려움마저 느끼게 된다.

더더욱 학교 교육과정에서 제대로 된 경제교육을 받을 수 있는 교육 프로그램이 없었다는 생각에 마냥 씁쓸하기만 할 뿐이다. 일례로 경제부양이라는 이유로 아무런 제한 없는 카드 발급을 해주던 때가 있었다. 그래서 무분별한 소비가 발생하였고 대규모 신용불량자 양산이라는 결과를 낳았다. 소비는 경제의 한 측면이기는 하지만 자신의 제약된 수입 밖에서 하는 소비란 경제적이지 못한 것이다.

경제교육의 필요성은 두말할 나위 없다. 그렇다면 경제교육의 시기는 언제이며, 무엇을 포함해야 하는가? 시기와 관련하여 경제교육은 어느 정도의 의사 결정능력이 형성되는 시기인 초등학교 때부터 이루어져야 한다. 교육과정 안에는 소비, 저축, 신용 등을 반드시 포함하여야 한다. 또 경제교육을 통하여 올바르게 의사결정을 할 수 있는 능력을 키워줘야 한다.

경제교육은 절대 주입식으로서는 안 된다. 반드시 체험을 바탕으로 한 실생활 위주로 이루어져야 한다. 세상에 공짜란 존재하지 않는다는 인식을 심어줄 수 있다면 경제교육은 절반이 성공한 셈이다.

또 경제교육이란 일차적으로 자신의 주어진 예산의 범위 내에서 합리적인 소비를 할 수 있는 능력을 길러주는 것이다. 최소한의 투입으로 많은 성과나 효용을 얻어내는 것은 칭찬할 일이지만, 무리한 투입으로 반짝 성과가 있더라도 부채를 지는 것은 합리적이지 못한 것이다.

미국 경제교육협의회 로버트 듀발 회장은 "경제교육은 단순히 돈에 대해 가르치는 것이 아니며 경제교육의 진정한 목표는 바로 선택과 의사 결정의 책임을 가르치는 데 있다."고 말했다. 따라서 진정한 경제교육은 사람이 살아가는 데 필요한 생산과 소비를 동시에 배우는 것이라고 볼 수 있다.

경제교육의 한 분야는 배분 혹은 나눔의 문제이다. 몇 년 전 한 할머니가 40여 년 동안 김밥을 팔아 모은 전 재산 50억 원을 모대학교에 기부하여 화제가 된 적이 있었다.

화폐의 가치의 기준을 어떻게 하느냐에 따라 다를 수 있지만 50억이라는 재산은 엄청난 존재다. 기부를 받은 대학에서는 거룩한 할머니의 뜻을 받아들여 김밥할머니의 법명을 따서 건물의 명칭까지 바꿨다고 한다.

또한 돈을 버는 것도 중요하지만 잘 쓰는 것이 더 중요하다는 것과 어떤 일을 하여도 돈을 많이 벌 수 있다는 교훈을 준다. 배움이 적다고, 월급이 적다고 하는 것은 핑계에 불과하다. 김밥할머니도 하는데 당신이라고 못할 이유가 있겠는가?

그렇다고 돈을 많이 버는 것을 전부라고 생각해서는 안 된다. 물론 경제교육은 돈에서부터 출발한다. 그리고 많은 부모들이 원하는 게 있다면 자녀가 돈을 많이 버는 것일 것이다. 그것이 경제적으로 성공한 사례로 지목될 수도 있다.

그러나 경제교육은 모두를 성공가도로 이끌려고 수행하는 것이 아니라 오히려 인생을 올바르게 살 수 있는 방침을 제시해주는 것이다.

몇 년 전 한국개발연구원에서 실시한 '경제교육 관련 일반국민 여론조사' 결과, 일반국민 96.9%가 경제교육이 필요하다고 응답하였다. 무엇보다도 경제교육의 진정한 목적은 개인의 삶의 질을 높이는 기반을 마련하고 사회구성원으로서 건전한 시민의식을 가지고 살아갈 수 있도록 경제의식을 부여하여 인간의 욕구를 충족시키는 데 있다.

05

부자들의 습관을 훔쳐라

부자에 대한 개념이 많이 바뀌고 있다. 부자학연구회가 〈부자 매뉴얼〉에서 밝힌 부자란 '그 사회에서 보편타당하게 많은 사람들이 인정하는 수준 이상의 재산을 가지고 있으면서 인격적으로 성숙한 사람으로, 가정적으로 안정되어 있고 화목하며 건강에 이상이 없는 사람'이다. 이는 단순히 돈이 많은 사람이 아니라 경제적으로 안정되고 자신과 가정이 편안한 사람, 이것이 바로 미래가 꿈꾸는 부자의 실체란 말이다.

부자란 개처럼 벌어서 개가 되는 것이 아니라, 개처럼 벌어서 정승처럼 쓴다는 우리 속담이나 아니면 정승처럼 벌어서 정승처럼 쓰는 것이 부자임을 말한다.

부자로 성공한 사람들은 저축과 투자로 부를 축척해 가며 만족스럽게 생각하는 습관에 익숙하다. 반대로 경제적으로 실패한 사람들은 저축이나 투자에 대한 중요성을 느끼지 못한 채 항상 불만족해하면서 살아가고 있다. 그래서 부자들의 습관을 훔쳐 볼 필요가 있다.

세계적인 갑부들의 부자 되는 습관을 훔쳐보면 특별한 방법은 따로 없다. 매달 꾸준하게 저축하는 것뿐이다. 미국의 전형적인 갑부인 포스트 부부도 봉급의 액수에 관계없이 매달 저축을 하여 많은 돈을 모았다고 한다.

그들은 무슨 일이 일어나든 저축할 돈을 우선 떼어놓아야 하며, 그것이 습관이 되어야 한다고 말했다. 규칙적인 저축과 투자라는 복합증식의 효과가 합해지면 놀랄 만큼 빠르게 재산이 불어나고 모아질 것이다.

부자가 되려면 재산 증식이 중요함을 두말할 필요가 없다. 그러면서도 재산 증식 이상으로 중요한 것은 절약이다. 절약을 통해서 재산 증식이 배가 될 수 있다. 부자는 절약하는 사람이다.

절약을 생활화한 사람은 그만큼 투자의 가치를 제때에 발휘하여 놀랄 만큼 재산을 증식시킬 수 있다. 절약은 투자의 가치를 빛낼 가능성을 간직하고 있다고 말할 수 있다. 그래서 부자란 저축과 투자의 균형과 절약의 의미를 터득한 사람이라고 말하는 이유가 여기에 있다.

절약에는 왕도가 있다. 절약하려면 무엇보다 발품을 많이 팔아야 한다. 노력 없는 절약이란 있을 수 없는 일이다. 때론 정보의 힘을 빌리기도 하고, 가능하면 몸을 많이 움직여야 자신이 원하는 것을 많이 얻을 수 있기 때문이다.

인내심이 없는 사람에게는 발품을 파는 노력도 사치라고 생각할 수 있다. 그래서 절약이란 허사가 되고야 만다. 이런 마음가짐으로는 보다 좋은 물건을 알아보기 위해 발품을 파는 일 따위는 생각할 수도 없을 것이다.

많은 현대인들은 조급증과 성급한 성격을 가지고 있는 것이 특징이다. 그래서 발품을 파는 것이 헛수고가 될 수 있다는 생각을 한다. 인내를 가지고 발품을 파는 노력을 해야 한다. 당장은 늦은 것 같지만 결국은 다른 사람보다 승자가 될 수 있다.

발품을 많이 판다고 하여 이곳저곳 돌아다니라는 것은 아니다. 중요한 물건을 구매하기 전에는 인터넷을 검색한다든지 반드시 사전조사를 하라는 말이다. 어떤 물건이든 구입하기 전에 꼼꼼하게 사전조사를 해야 물건을 저렴하게 구입할 수 있고 양질의 물건을 살 수 있기 때문이다.

철 지난 물건을 사는 것도 하나의 좋은 절약습관이 될 수 있다. 쇼핑을 할 때라면 사람들과 정반대로 생각하라. 내가 사고 싶은 물건을 가장 많은 사람들이 사는 때가 언제인가? 그리고 사람들이 잘 사지 않을 때가 언제인가? 만약 스키를 사려고 한다면 겨울이 다가오기 전에 살 것인가, 아니면 끝날 무렵에 살 것인가?

상인들은 여름 동안의 창고비용을 절약하려고 싼값에라도 물건을 팔 것이다. 대부분은 늦은 가을에 스키를 사지만, 사고 싶은 욕구를 누르고 이른 봄까지 기다리면 가장 저렴하게 물건을 살 수 있을 것이다. 발품을 파는 것뿐만 아니라 기다릴 줄도 아는 지혜를 가지야 한다.

부자로 살기 위해서는 많은 노력을 해야 한다. 가장 먼저 시작할 것이 씀씀이를 줄이는 일이다. 평생 승자로 살아가기를 원한다면 당장 부자들의 습관을 훔쳐와야 한다. 훔쳐왔다고 하여 흥청망청 소비하는 도둑의 심보가 아니라 내 것으로 만들겠다는 독한 마음을 가져야 한다. 그런 후에도 부자들의 습관을 내 것으로 만들고 실천해야 한다. 이것이 첫 번째 성공의 관문이다.

06

합리적인 소비방법을 배워라

모든 사람은 소비자이다. 생산자도 결국엔 소비자로 귀결된다. 소비는 경제의 1주체라고 해도 과언이 아니다. 소비자는 생명을 유지하고 생활을 영위하기 위하여 소비활동을 한다. 개인이나 가계의 소비행위는 욕구에 의해서 발생한다. 욕구 충족이란 소비를 통한 자기만족이라고도 할 수 있다.

우리나라에서는 예전부터 근검절약하는 것을 미덕으로 여겨왔다. 그러난 소비는 근검절약 이전에 나라의 운명을 좌우하는 원동력이 된다. 자급자족에 만족하는 사회라면 모르지만, 수출이 증가하고 발전과 성장이 거듭되는 오늘날 같은 사회는 소비가 미덕이 된다. 다면 절약의 정신에서 끌어올 수 있는 합리적이고 계획적인 소비를 통해 어려운 현실을 극복해야 한다.

소비는 효용과 가격을 고려하는 것이 합리적인 행위이다. 여러 재화가 있을 때 어떤 것을 선택할 것인가는 단순히 가격만 따지는 것이 아니다. 바로 만족감이라는 주관적인 효용이 들어 있기 때문이다. 두 요소가 만나는 지점에서 행위가 이루어진다면 합리적인 소비라고 할 수 있다. 비합리적인 소비로는 충동구매를 꼽을 수 있다. 충동구매란 물건을 살 필요나 의사가 없는데도 물건을 구경하거나 광고를 보다가 갑자기 사고 싶어지는 행위를 말한다.

충동적으로 쇼핑을 하거나 충동적으로 구매하는 사람들은 무의식 상태에서 소비하는 거나 마찬가지이다. 이는 당장은 필요 없는 재화에 종속되어 그 재화의 가치를 높이기 위해 끊임없이 소비하는 행태를 말한다.

무의식 쇼핑 같은 것은 자기 주도적으로 소비를 하지 않는 상황에서 비롯된 것이다. 필요해서 효용과 가격을 고려하여 소비하는 것이 아니라, 필요는 없지만 자기만족을 위한다거나 과시를 위해서라면 비합리적인 소비행위이다. 소비는 소비 자체에 목적이 있는 것이 아니라 소비를 통해 생활을 영위해 나가는 것에 있기 때문이다.

항상소득이라는 말을 들어 보았는지 모르겠다. 월급과 같이 고정적인 소득을 흔히 항상소득이라고 한다. 보다 경제적인 생활을 영위하기 위해서는 무엇보다 지출의 틈새를 조금이라도 좁히는 것이 급선무다. 곧 자신도 모르게 빠져나가는 것을 방지하기 위해서는 계획적인 소비를 해야 한다는 말이다.

예를 들면, 우리 일상에서 심각한 휴대폰 요금과 무절제하게 사용하는 신용카드를 생각해 보자. 많은 학생들이 1년이면 100만원에 육박하는 휴대폰 요금을 내고 있다. 정말로 놀라운 사실이다.

최근에는 휴대폰을 이용한 결제가 늘어나면서 심각한 문제가 되고 있다. 남모르게 나가는 소위 '돈 도둑'이 늘어나고 있다는 것이다. 그것에 신경 쓰는 경우는 드물다. 게다가 본인의 용돈이나 예산의 범위에서 결제하는 것이 아니라 부모의 통장에서 빠져나가기 때문에 문제는 더욱 심각하다.

이런 경우 학생들의 휴대폰이나 신용카드 요금이 자신의 통장에서 빠져나가도록 하는 것이 지출을 최대한 줄일 수 있는 좋은 전략이 될 수 있다. 부모가 주는 일정한 용돈으로 본인이 스스로 책임감을 가지고 사용하는 것이 바람직한 방법이 될 수 있다. 그것은 자녀에게 좋은 경제교육의 기본이 될 수 있으며, 나아가 평생 합리적인 소비 습관을 기르는 계기가 될 것이다.

더욱 심각한 것은 신용카드이다. 신용카드는 근본적으로 외상거래이다. 소비를 적절히 한다면 효율적인 소비를 영위하여 경제적인 이익을 볼 수도 있다. 그러나 씀씀이가 헤프다면 무서운 것이 신용카드이다. 씀씀이를 억제할 수 없는 사람이라면 아예 신용카드 한도를 적당한 수준으로 낮춰 두는 것도 하나의 좋은 방법이다.

무엇보다 중요한 것은 계획적이고 합리적인 소비를 해야 한다는 사실이다. 끊임없는 노력은 견고한 습관을 만든다. 소비 습관이 잘

못되었다면 지금이라도 소비 습관을 바꿔야 한다.

어느 사람이든 부자로 살기를 원한다. 수지 균형이란 말 그대로 수입과 지출의 균형이지만, 부자는 수지 균형을 철칙을 가지고 있음에도 씀씀이를 줄이는 것에 더 많은 신경을 쓴다. 세상은 공평하다. 당신이 한 만큼 돌아올 것이다. 이제 어떤 것을 선택할지는 당신의 몫이다.

07

자신감을 갖고 행동하라

억지로라도 웃으면 마음이 한결 밝아진다. 마음이 밝아지면 얼굴 표정부터 달라진다. 긍정적인 피드백이다. 언제 어떠한 환경이든 웃는 얼굴로 상대방을 대한다면 미래는 밝아질 것이다. 웃는 자는 현실이 패배자의 상황일지언정 왠지 모르게 승리자처럼 자신감으로 충만하다.

웃으면 행동이 변하는 것일까, 행동이 변하여 웃는 것일까? 웃으면 행복해지는 것일까, 행복해지면 웃는 것일까? 이 모든 질문에 대한 대답은 한결같이 긍정적인 대답이 나올 것이다. 얼굴 근육을 움직이는 미세한 동작이 우리의 마음을 동요시키고, 마음의 동요는 행동의 변화를 낳는다. 또 그것은 우리를 행복으로 이끈다.

많은 심리학자들도 육체적인 행동 변화가 마음 자세까지 바꿀 수 있다고 한다. 허리를 구부정하게 하고 다니는 사람은 그렇게 하고 있는 본인 스스로나 보는 이에 마음 자세에도 좋지 않은 영향을 준다.

자신감은 성공을 부르기 위한 원동력이다. 자신감은 미래에 대한 희망과 삶의 행복감을 가져다 줄 뿐만 아니라 굳센 기상과 진취적인 사고를 불러일으킨다. 이러한 사고는 자신감으로 연결되어 자연적으로 행동이 변하게 된다.

자신감은 항상 새로 시작하는 마음을 가지고 있을 때 찾아온다. 도전하지 않는 자에게는 진정한 자신감이 있을 수가 없다. 오뚝이는 모습 자체가 자신감을 반영하고 있다. 언제라도 쓰러져 있는 자신을 일으킬 수 있는 모습은 충만한 자신감을 보여주는 이미지가 아니겠는가.

인생은 우여곡절의 연속이다. 성공과 실패, 업적과 실수는 영광스러운 미래를 다지는 초석이다. 무엇이 문제인가, 보완책은 무엇인가, 실패의 원인을 분석하고 해결책을 찾아 다시 시작하는 노력을 기울인다면 당신의 자신감은 다시 충만할 것이다.

두려움은 자신감을 기르는 데 가장 큰 적이다. 변화를 두려워하고 두려움을 극복하지 않는다면 자신감은 당신에게 다가오지 않을 것이다. 사실 현실에 나타나는 거친 파도라는 두려움은 자신감의 적이 되지 않는다. 당장 힘이 들게 하는 자신감의 지연제가 될지라도 결과적으로는 자신감을 위한 강장제가 될 것이다.

자신감이 있다면 높은 곳에서 떨어져 있어도 머지않아 심리적으로 육체적으로 상승기류에 들어간 당신을 발견할 수 있을 것이다. 그래서 사람은 항상 자신감을 가지고 생각하면서 행동하고, 행동하면서 생각해야 한다.

열정과 자신감은 밀접한 상관관계가 있다. 당신이 자신감이 있는 사람이라면 당신에게는 엔진과도 같은 힘과 열정이 있다고 믿어라. 이러한 힘과 열정은 삶을 살아가는 에너지원이다.

위대한 심리학자 크레인 박사는 "자신감 있는 행동은 자신감 있는 생각을 낳는다."는 명언을 남겼다. 인생을 살아가는 데, 칭찬을 실천하는 데 무엇보다도 자신감이 중요하다는 말로 풀이된다. 연장자가 먼저 악수를 청하듯 칭찬도 먼저 하는 것이 자신감을 기르는 데 도움이 될 것이다.

인생에서 기회는 누구에게나 있다. 몇 번 되는 기회를 놓치는 사람이 있고, 한 번의 기회를 바로 잡는 사람도 있다. 어떤 사람이 간절히 원하는 직업을 갖기 위하여 여러 번의 시험을 치르다 포기하고 그만두었다면 다음 기회에 합격할 수 있는 기회를 포기한 것이 되고 만다.

포기하기 않고 다음 기회에 합격하였다면 그는 정녕 성공한 사람이다. 실패를 경험하고 나서 발생할 수 있는 좌절감을 극복하고 처음 시작하는 것처럼 마음을 가다듬고 다져서 다시 도전해야 한다.

현재의 자신을 긍정적으로 생각할 수 있을 때 새로운 도전의 용기가 더 커지는 법이다. 더 나은 나를 만들기 위해 도전하는 정신은 어느 순간 갑자기 생기는 것이 아니다. 항상 자신감을 갖고 개방적인 자세를 견지하는 사람에서 비롯되는 것이다.

어느 누구나 현재의 자신보다 더 발전하고 강해지길 바란다. 삶을 살아가는 동안 누구에게나 하고 싶은 일이 있다. 하고 싶은 일은 누구나 어렵지 않게 해낼 수 있다. 그러나 또한 그만큼 하기 힘든 일도 생기기 마련이다. 이때 머뭇거리지 않고 행동할 수 있는 힘은 바로 '자신감'이다.

진정한 자신감은 자신의 마음속에 들어 있다. 자신감은 결코 타인이 가져다주지 않는다. 자신감은 나 자신에 대한 믿음이요, 약속이다. 두려움보다 무서운 적은 없다. 평소 자신감을 기르는 노력은 자기 자신의 성공의 힘을 기르는 시발점이다.

08

자신이 하는 일에 집중하라

자신이 하는 일에 집중해야 한다. 이것이 동물과 구별되는 능력이다. 인간은 사고하는 특별한 능력을 가지고 살아간다. 예를 들면 인간은 컴퓨터의 멀티태스킹처럼 집중력을 분산시키면서 두 가지 이상의 일을 동시에 할 수 있다.

이것은 인간이 동물과 다르고 월등한 것이다. 하지만 그렇게 하는 것이 한 가지 일의 효과를 높인다거나 능률을 올린다거나 성공을 보장하는 요인이라고 말할 수는 없다. 왜냐하면 인간의 문명이란 집중의 산물이기 때문이다. 마찬가지로 개인에게 있어서 성공이란 것도 집중에서 기인한 것이다. 곧 집중력은 성공의 가장 중요한 요인이 된다.

무엇보다도 집중력은 인맥을 넓히는 에너지원이 된다. 일상적인 만남이든, 목적이 있는 만남이든 순간에 집중하는 능력은 상대방으로 하여금 호감을 느끼게 하는 매력이 될 수 있다.

집중력은 세대 간에도 차이가 있다. 어른들 중에서 "내가 학교 다닐 때만 해도 금방 외웠는데 나이가 드니 곧잘 잊어버린다."고 말하는 사람도 있다. 이는 보편적으로 집중력의 효과는 어른보다는 성장기에 있는 학생들이 더 두드러지게 나타난다는 것을 간접적으로 보여주는 결과이다.

집중력은 학업이나 일을 처리하는 데 좌우하는 능력이기도 하다. 보편적으로 집중력이 높은 사람이 처리한 일은 질적으로 우수하다. 부모의 성화에 못 이겨 억지로 공부한 학생이라면 아무리 많은 시간을 학습했다고 해도, 한두 시간 집중하여 공부한 학생보다 좋은 성적을 낼 수가 없다. 바로 집중력은 성공하는 데 필요한 것이다.

또한 집중력은 과업에 대한 시간의 효율적인 사용을 말한다. 이 때문에 효과적인 과업의 성취를 이룰 수 있다. 소위 우리 주변에는 학업 우수생 중에서는 많이 노는 것 같은데도 실제로 1~2등을 다투는 경우가 종종 있다. 이것은 주어진 시간을 효율적, 집중력을 최대한 발휘한 증거이다.

집중력을 기르기 위해서는 심리적인 안정이 필요하다. 과거에 대한 후회, 쓸데없는 공상 등으로 정신이 산만하면 집중력은 자연히 떨어질 수밖에 없다. 갈등이나 고민을 해결 한 후에 하던 일에 집중하는 것이 효과적이다.

자신이 하고 있는 일에 흥미나 취미를 가지는 것도 집중력 향상에 많은 도움이 된다. 에디슨은 일하는 것이 오락이라고 할 정도로 일을 좋아했다. 그래서 하루에 18시간씩 일을 해도 결코 피곤하지 않았다고 한다. 사람은 자기가 좋아하는 일을 하면 능률도 향상되고, 집중력도 최대한 높일 수 있다.

그렇다면 집중력을 어떻게 하면 높일 수 있을까? 매사에 구체적인 목표를 가지고 마감 시간을 정해 놓아라. 한마디로 목표의식이 필요하다는 말이다. 물론 마감 시간을 정하는 것이 일을 처리하는 데 불편할 수도 있다. 하지만 마감 시간을 정하는 것이 쓸데없는 시간이라든지 불필요한 것을 줄일 수 있다. 마감 시간을 정하는 것은 자기 스스로와의 약속을 지키는 일이므로 어느 정도 습관이 들면 많은 도움이 된다.

실패는 누구나 경험할 수 있다. 더 많은 노력으로 결과를 바꿀 수 있다는 자신감과 확신을 가질 때 사람의 집중력은 최고로 높아질 수 있다. 반대로 자신감과 확신이 적은 사람은 타인의 평가에 민감하고 기대했던 만큼 좋은 결과가 나오지 않는 상황에 쉽게 좌절하게 된다. 집중력을 증진시키는 노력은 자기 자신의 신뢰하는 것이라는 것을 잊지 말아야 한다.

사람은 누구나 재미있는 일을 할 때 성취의욕이 생기고 집중력도 높아진다. 자신이 좋아하는 일을 할 때 기간이 더 빨리 흘러가는 것도 이 때문이다.

자신이 하는 일에 집중하라. 그리고 즐거운 마음으로 일을 하라. 누군가를 만나는 중이라면 그 만남에 집중하라. 그러면 당신의 인맥은 점점 넓혀질 것이고 성공의 문도 머지않아 열릴 것이다.

인맥은 절대 한꺼번에 만들어지지 않는다. 눈사람은 조그만 눈뭉치에서 출발하지만 굴리면 굴릴수록 커지듯이 인맥도 작은 수에서 시작된다. 그러나 일정한 수준이 되면 그 크기도 눈뭉치처럼 점점 커질 것이다. 자신이 하는 일에 집중하여 인맥을 키우는 노력을 시작해 보자.

09

목표를 향해 힘껏 뛰어라

인생의 목표가 무엇이냐는 질문을 받는다면 즉석에서 대답하기가 어렵다. 결코 쉬운 질문이 아니기 때문이다. 목표를 늘 염두에 두고 사는 사람이 아니라면 대답하는 것에 머뭇거릴 것이고, 대답하더라도 서로 다른 대답이 나올 것이다.

인생의 목표는 그네들이 살아온 환경에 따라 서로 추구하는 방향이 다르기 때문이다. 어려운 환경에서 살아온 사람들은 부자가 되는 것이 최상의 목표가 될 수 있는 것처럼 말이다. 그래서 사람들마다 대답이 다를 것임은 분명하다.

왜 우리는 목표를 두어야 하는가? 어떤 기능을 하기에 목표가 있어야 하는가? 목표가 있는 삶은 척박한 현실에 적응할 수 있도록 활력을 불어 넣어주고 현실에 적응하는 그 자체를 넘어 인생을 고양하며 아름답게 만들어 준다.

목표는 희망과도 연계되어 어려움에 봉착했을 때 포기하지 않고 전진하는 힘을 불어 넣어 준다. 어떤 시기와 비난에도 흔들리지 않게 하며 분쟁과 다툼을 유화하고 평화와 화합으로 나아가게 한다. 그 어떤 유혹의 파도가 몰아쳐도 쉽게 휩쓸리지 않게 한다.

그렇다면 문제는 어떤 목표를 가지고 살며 어떻게 실천하느냐에 따라 달려 있다. 목표는 반드시 달성하기 위해서 세우는 것이 아니라 표준점의 구실을 위해 세우는 것이라는 명언에 귀 기울여 보자. 목표를 너무 높이 세우면 작심삼일로 끝나기 일쑤고 포기하고 싶은 생각과 매일 씨름해야 한다. 너무 낮게 세워도 문제다. 낮은 목표는 열정적으로 실천할 동기부여가 되지 않으며 쉽게 자기만족에 빠지게 해 발전할 동력을 잃게 한다. 현실적으로 자기 현실에 맞는 목표 설정이 중요하다. 현실적인 목표설정을 한 후에는 반드시 실천과 노력이 목표에 뒤따라야 함은 말할 것도 없다.

에릭 웨이언메이어는 "노력 없는 재물은 불꽃놀이와 같다. 인생의 정확한 목표를 설정하라. 단조로운 인생을 거부하라. 고통을 극복하면 성장이 있다."라는 명언을 남겨 목표에 중요성을 강조했다.

그는 어린 시절인 13살 때 망막박리증이라는 희귀한 유전병으로 시력을 완전히 잃었다. 그에게 산은 또 하나의 새로운 희망이었다. 산악인으로 살아온 그에게 북아메리카 매킨리봉, 남아메리카 아아콩카과, 남극의 빈슨 메시프, 아프리카 킬리만자로에 이어 세계 최고

봉인 에베레스트 등반에 성공한 사람이다.

목표를 설정하였다면 그에 대한 집중 혹은 몰입하는 노력이 뒤따라야 한다. 어느 통계에 의하면 경영자 중의 98%가 인생에 대한 목표를 세우지만 실제로 5%만 목표를 달성하기 위하여 몰입을 하였다고 한다. 실제적으로 몰입하기에는 매우 어렵다는 결과를 볼 수 있다.

이처럼 목표란 그 자체만으로도 훌륭하지만 작심삼일이 되지 않도록 하는 일에 집중하기도 하고 때로는 몰입하는 노력이 뒤따라야 한다. 말하자면 게으름뱅이처럼 현실에 안주하는 것이 아니라 목표를 향해 항상 노력하고 뛰는 사람이 되어야 한다.

목표를 잊어서는 절대 안 된다. 끊임없이 목표를 되새기고 자신을 보채면서 힘껏 달리도록 하자. 그렇다면 목표는 당신 곁을 떠나지 않게 될 것이고, 당신이 목표한 바를 차근차근 성취하게 될 것이다. 인생 자체를 생각해 볼 때 목표란 한마디로 자아실현이고, 몰입은 자기 목적적이며 자기 주도적인 프로모션이다. 목표 안에 실천이 있고, 몰입 안에 전술이 있다. 그 어떤 목표도 실천, 노력이 없다면 무용지물이고 몰입이 없는 전력이란 패전, 프로모션 실패에 이를 것이다. 따라서 목표를 이루고자 한다면 반드시 실천과 노력이 함께 병행되어 한다는 말이다.

다음의 문제는 목표 설정의 폭이다. 목표를 세울 때에는 장기적인 안목으로 세우는 것이 좋다. 앞을 멀리 내다보지 못하고 단기적인 목표에 치중한다면 장애물을 만나게 될 때 쉽게 포기할 수가 있다. 목표란 원대할수록 삶의 의욕을 증진시키고 본인의 능력을 극대화할 수 있는 인생의 이정표와 같다는 것을 느낄 수 있을 것이다.

10

항상 플러스 발상을 하라

작은 차이가 큰 결과를 낳는다. 미국 기업가인 잭웰치는 "전 직원의 99.9%가 평범함에 머물고 있는 것은 그들이 플러스 사고를 하지 않기 때문이다."라고 말했다. 정말 공감이 가는 말이다. 성공한 사람과 평범한 사람의 가장 큰 차이는 '플러스 발상'을 하느냐, 아니면 '마이너스 발상'을 하느냐에 달려있다.

어떤 발상을 하느냐에 따라 인생이 달라진다. 예를 들어 사무실에서 '사장님이 부르십니다'라는 말을 들었을 때, 전에 사장한테 야단맞은 기억이 있는 회사원은 '또, 야단 맞는구나' 하는, 부정적인 생각이 앞서 가슴이 두근거리고 그와 동시에 뇌에서는 노르아드레날린이 분비되어 스트레스를 받는다.

하지만 칭찬을 받은 경험이 있는 사람은 다르다. '사장님께서 선물을 주시려고 하는구나' 하는, 긍정적인 사고를 하고 그의 뇌에는 쾌감을 촉발하는 엔도르핀이 분비될 것이다. 이 호르몬이 분비되면 우리 몸은 혈액순환이 원활해지면서 자신감이 생기게 되어 매사에 적극적인 행동을 하게 된다.

플러스 발상은 일에 대한 해석과 행동을 항상 긍정적으로 하게 한다. 그러므로 우리는 플러스 사고를 해야 한다. 플러스 사고를 만드는 네 가지 기본적인 요소가 있다. 상황에 대한 자기해석, 긍정적 사고, 언어습관과 태도가 그것이다.

플러스 발상을 하는 사람은 무엇인가 다르다. 먼저 주어진 상황을 긍정적으로 받아들인다. 모든 상황을 자신에게 유리하게 해석하는 것이다. 어떻게 해석하고 선택하느냐에 따라 전혀 다른 결과가 나온다. 매사 긍정적인 사고를 하라는 것이다.

'하늘은 이겨낼 수 있는 시련만을 준다'는 말이 있다. 주어진 상황이 아무리 불리하게 보여도 반드시 해결책이 있기 마련이라는 뜻이다. 힘들다고, 어렵다고 쉽게 포기해서는 안 된다. 한 발자국만 더 전진하라.

실패할지도 모른다는 두려움은 집중력과 자신감을 깨뜨려 자포자기를 불러올 수 있다. 어느 통계에 의하면 현대인의 70~80%가 마이너스 발상을 한다고 한다. 이러한 발상은 생각보다 더 큰 문제를 낳는다. 마이너스 사고는 성공의 장애물이다. 그러나 많은 사람들은 자신이 마이너스 발상을 한다는 사실조차 모르고 살아간다. 긍정적인 사고를 하기 위해서는 의식적으로 많은 노력을 해야 한다.

병은 마음에서 생겨난다는 속담도 있다. 생각은 내 몸에 작용하는 물질로 변화되어 감정과 신체에 영향을 준다. 성공의 길을 잘 달리기 위해서는 활력 넘치는 건강이 필수요소이다. 몸이 건강해야 플러스 발상할 수 있는 에너지가 만들어진다.

인상을 쓰거나 기분이 나쁜 생각이나 말을 하면 뇌에서 노르아드레날린이 나온다. 이 물질은 성인병과 암의 원인이다. 반대로 기분이 좋다고 생각하게 되면 우리 몸속에는 엔도르핀과 베타엔도르핀이 분비된다. 뇌에서 이런 물질이 나오면 우리의 뇌파는 알파파 상태가 되어 에너지를 최대화시킨다.

성공의 힘은 플러스 발상에서 시작된다. 심리학자 쿠에 박사도 "마음속으로 두 가지 생각을 할 때 병렬 상태로 존재할 수는 있지만 서로 겹쳐질 수는 없다."고 말했다. 즉, 머릿속을 '즐거운 생각'이나 '좋아하는 일'로 가득 채우고 있다면 '괴롭다는 생각'이나 '싫다는 생각'은 사라진다는 의미다.

'자살' 이라는 글자를 거꾸로 읽으면 '살자'가 된다. 생각의 차이가 절망을 희망으로 바꾼다. 일본인 하루야마 시게요는 '좋다', '될 것이다', '할 수 있다'라는 긍정적인 사고와 플러스 발상을 계속하면, 뇌에 좋은 호르몬을 분비시켜 사람의 의욕을 고취시켜주고 인내력과 창의력이 강화되어 건강증진에 도움이 된다고 주장한다.

마음먹고 갑자기 우뇌 중심으로 플러스 발상을 하기란 매우 어려운 일이다. 초기에는 주어진 상황과 일어난 사건을 당연하게 받아들이고, 차차 플러스로 의미부여를 하는 식의 투스텝 의식화 과정을 거쳐야 한다. 얼마 지나지 않아 플러스 발상에 익숙해진 자신을 발견하게 될 것이다. 뇌를 연구하는 많은 전문가들은 자신에게 나쁜 일이 생겼을 때일수록 적극적으로 플러스 발상을 해야 한다고 주장한다.

인간은 누구나 태어나면서 조물주로부터 아무 조건 없이 물려받은 것이 하나 있다. 바로 선택권이다. 무엇을 생각할 것인가, 무엇을 말할 것인가, 어떻게 행동할 것인가. 선택할 권리는 나에게 있다. '플러스 발상'을 할 것인가, '마이너스 발상'을 할 것인가. 이 선택도 당신의 몫이다.

“

플러스 발상을 하는 사람은 무엇인가 다르다.

먼저 주어진 상황을 긍정적으로 받아들인다.

모든 상황을 자신에게 유리하게 해석하는 것이다.

어떻게 해석하고 선택하느냐에 따라 전혀 다른 결과가 나온다.

매사 긍정적인 사고를 하라는 것이다.

”

제3부

성공의 문은 가까운 곳에 있다

01

자투리 시간을 적극 활용하라

학생시절 버스, 지하철 안에서 틈틈이 꺼내보던 단어장을 기억할 것이다. 여유롭게 공부할 때보다 짧은 시간에 집중해서 공부하는 내용이 머릿속에 더 오래 남아있게 된다. 평소에는 공부에 집중이 잘 되지 않다가도 시험 직전이 될수록 마음이 다급해져 그 어느 때 보다 집중력 넘치게 공부를 했던 경험도 같은 맥락이다.

학생이든 직장인이든 주부든 간에 누구에게나 자투리 시간이 있기 마련이다. 그럼에도 자투리 시간을 쓸모없는 시간이라고 생각하거나, 활용하지 못하는 사람이 있다. 결국 현대사회에서 성공하고 실패하는 사람의 차이는 자투리 시간을 얼마나 활용했느냐에 따라 달려 있다.

자투리 시간 활용에 대해 눈을 크게 뜨게 되면, 완전한 업무시간

이상으로 효과를 올릴 수 있다. 예를 들어 목표한 일을 완료하는 데 예상되는 소요 시간이 2시간이라면, 목적지에 도착하는 데 1시간이 걸리는 KTX를 타고 가기보다는 3시간이 걸리는 무궁화호를 타는 것이 시간 활용에 큰 도움이 될 것이다.

직장을 다니는 사람들에게는 점심시간이 자투리 시간으로 활용하기에 알짜배기인 시간이다. 점심시간을 회식의 기회로 활용하는 발상도 해볼 수 있다. 회식을 폭음의 동의어로 이해하는 중년 이상의 직장인들에게는 점심 회식이 상당히 낯설지도 모른다. 점심시간 내의 회식이라면 술을 잘 못하는 사람이거나, 늦은 시간까지 이어지는 회식 자리를 싫어하는 사람들에게는 환영할 만한 제안이 될 수 있다.

연공서열이나 순응이 중시되는 과거의 조직문화가 아닌 요즘, 여성의 사회활동이 날로 증가하면서 유연해진 조직문화, 개성의 존중이라는 조직문화 속에서는 과거의 가부장적인 저녁 회식문화에 변화가 있어야 하는 것은 바람직한 현상이다. 점심시간에 색다른 장소에서, 색다른 메뉴로 자투리 시간 활용을 위하여 도전해 보자.

우리나라에서는 새벽에 움직이는 사람들이 점차 늘어나고 있다. 직장생활을 하면서 새벽에 일어나자마자 영어학원에 가서 영어회화를 배우고 점심시간에는 토익 테이프를 듣고, 저녁에는 몇 명이 팀을 만들어 외국어 강사와 함께 공부하는 사람들도 적지 않다.

세상은 몰라보게 변하고 있다. 이제는 외국어, 컴퓨터 능력이 낮으면 경쟁력이 없는 사람으로 취급되는 세상이다. 따라서 언제든 구조

조정의 대상이 될 수 있다는 공감대가 형성되었기 때문에 모든 일을 접어놓고 자기계발에 앞장서고 있는 실정이다.

물론 아침 일찍 일어나 자신의 가용시간을 늘리는 것은 그리 쉬운 일은 아니다. 예를 들어 밤늦게까지 회사에서 잔업을 하거나 술자리를 자주하는 직업이라면 더욱 어려운 일이 될 수 있다. 늦은 퇴근 후에는 TV를 켜기보다는 하루를 정리하고 내일을 준비하는 시간을 갖는 것이 아침 기상에 도움이 될 것이다. 피곤에 지친 저녁보다는 아침시간을 활용하는 것이 많은 도움이 되는 것은 분명하다.

병원에서 진료시간을 기다릴 때, 버스나 전철 속에서의 자투리 시간을 그냥 흘려보내지 마라. 자투리 시간에 볼 수 있는 책, 듣고 싶은 노래, 생각할 수 있는 주제를 가지고 다녀라. 그러면 많은 시간을 당신 것으로 만들 수 있을 것이다. 엘리베이터를 이용하지 않고 계단을 걸어 올라가는 것도 자투리 시간을 이용한 건강관리를 하는 한 방법이 될 수 있다.

자투리 시간일지라도 잘 활용하면 머지않은 훗날 몰라보게 달라진 자신을 발견할 것이다. 티끌 모아 태산이요, 재단하다가 남은 자투리 천 조각이라 할지라도 쌓이면 완전한 의상이 된다. 무엇보다도 모든 일은 마음먹기에 달려 있는 법이다. 시작하기만 하면 된다. 자신에게 주어진 여건을 최대한 이용하여 삶의 질을 한층 더 높여 보자. 성공하는 사람과 그렇지 못한 사람과의 차이는 많은 것이 아니라 아주 적은 것, 곧 시간 활용에 있다는 것을 명심하자.

02

파레토의 80/20법칙을 활용하라

현대사회만큼 시간의 중압감에 빠지는 시대는 없었다. 과거 인간의 시계바늘이 느긋이 움직였다면 현대는 촘촘하며 빠르다. 과거처럼 시간을 느슨하게 쓴다면 뒤쳐지는 사람, 더딘 사람, 구시대적 인간으로 취급받을 것이다. 어쨌든 시간을 어떻게 쓸 것인가의 문제가 현대인들의 화두인 셈이다.

인간의 삶을 한층 승화시킬 수 있는 것은 무엇보다 시간을 잘 관리하는 것이다. 시간 관리라면 먼저 파레토의 법칙을 떠올릴 수 있다. 흔히 '80/20 법칙'이라고 부른다. 이 법칙은 어찌 보면 작은 노력, 투입량, 원인이 큰 부분의 성과, 산출량, 결과를 이루어 낸다는 법칙을 말한다.

이 법칙에 따르면 원인과 결과, 투입량과 산출량, 노력과 성과 사이에는 일정한 불균형이 존재한다. 50% 노력이 50%의 성과를 얻는 것은 아니라 20%의 노력, 투입량, 원인행위로 인해 80%의 성과, 산출량, 결과를 얻는다는 말이다. 투자한 시간과 노력에 비해 좋은 결과가 나온다는 말이다.

그렇다면 어떻게 20%를 활용해야 할까. 아침시간을 효율적으로 사용하라. 새벽과 이른 아침은 창조적인 활동이 가장 극적으로 이루어질 수 있는 시간이다. 하루를 기준으로 생각하면 아침 9시 이전이 가장 창조적인 시간이라고 볼 수 있다. 이 시간대는 수면과 휴식시간이 끝난 후이므로 뇌 활동이 가장 왕성한 시간이다.

더군다나 업무나 다른 일로 방해받지 않는 시간이기 때문에 가장 집중력이 있는 시간이다. 우리가 활용할 수 있는 최고의 20%가 되는 것이다. 하루의 24시간 중에서 바로 이 새벽과 아침을 잘 활용하는 것이 중요하다. 20%의 활용이 80%에 버금가는 효율을 발휘할 수 있다.

집중과 휴식을 적절하게 활용하여야 한다. 사람은 기계와는 달라서 적절한 브레이크 타임이 없으면 최대한으로 효율을 높일 수 없다. 사람이 고도로 집중할 수 있는 한계는 대개 60분 전후이다. 60분이 지나면 집중력이 자연적으로 떨어지기 때문이다. 따라서 60분 단위로 업무와 노동량을 배분하고 그 60분 안에 자기의 에너지를 쏟아부어야 한다. 그런 후에 10분 내지 15분을 반드시 휴식시간을 가져라. 가벼운 스트레칭과 건강 호흡법을 사용하여 당신의 정신과 육체를 최대한 안정시켜야 한다. 왜냐하면 이 20%의 휴식이 또 다른 60분을 좌우하기 때문이다.

20% 활용의 막바지에 이른다면 마감시간 효과를 최대한 활용하라. 우리는 마감시간에 쫓겨서 일하는 사람들을 게으른 사람이라고 치부하기 쉽다. 80/20의 법칙이란 게으른 이들이 집중하는 바로 이 마감시간을 적절하게 활용하자는 것이다. 그렇다면 어떤 일이 종료되기까지 하는 둥 마는 둥 하다가 막판 뒤집기 식으로 일을 하자는 것은 아니다. 의도적으로 마감시간을 설정하여 데드라인을 잘 활용하는 것도 하나의 좋은 방법이 될 수 있다.

예를 들어 지하철을 타는 시간이나 화장실에 가는 시간은 이미 규정된 데드라인이므로 이 시간 동안 목표를 정해두고 책을 읽는 것도 마감시간 효과를 적절히 활용한 것이다. 그러한 20%가 나머지 80%를 결정하기 때문이다. 이것이 바로 80/20 법칙에 입각한 효율적인 시간관리 방법이다.

중요한 일을 먼저 하는 것도 하나의 좋은 방법이 될 수 있다. 쉽게 말하면 우선순위에 따라 일을 처리하라는 말과 같다. 우선순위가 있다는 말은 그만큼 중요한 일이라고 할 수 있다. 이외에 덜 중요한 것도 있고, 사소한 일도 있을 것이다.

우선순위가 있는 일이 있다고 가정해 봐라. 우선순위가 없는 일이라면 왜 그것이 우선순위가 안 되는지를 파악하고, 우선순위가 있는 일과 비교하여 시간과 역량의 분배를 고르게 해야 하고자 하는 일에 대한 만족도를 최대한 높일 수 있다는 사실을 명심하자.

그리고 하루 일과를 시작하기 전에 15분 정도의 시간을 활용하라. 오늘 내가 무엇을 할 것인가에 대한 목록을 만들고 기록하는 습관을 기르자. 우선 그 활용 목록 중에서 긴급하고 중요한 일과 그렇지 않은 일을 정하여 적절한 시간을 배치하는 것이 중요하다.

사람은 꼭 필요한 일만 하면서 살 수는 없다. 자기 계발이나 건강 관리, 명상의 시간 들을 하루에 20%를 사용한다면 당신의 인생은 몰라보게 달라질 것이다. 당장 80/20의 법칙을 적극 활용하자.

03

매사에 타이밍이 중요하다

모든 일에는 '때'가 중요하다는 옛말이 있다. 어떤 문제나 상황에서 가장 합리적이고 탁월한 선택이 필요하다는 말로 해석된다. 일상 속에서 마주치는 의사 결정의 딜레마에 현명하게 대처하는 것이 성공적인 삶을 사는 첩경이다.

현대인들은 많은 고민과 갈등 속에서 하루하루를 살아가고 있다. 옆집과의 주차문제에서 시작하여 복잡한 인간관계에 이르기까지 여러 가지 문제들이 산재해 있다. 현대인을 둘러싼 크고 작은 문제들에 현명하게 처신하기 위해서 타이밍이라는 단어를 끌어오려고 한다.

타이밍이란 말은 중국 송대의 선종을 대표하는 벽암록에 나오는 '줄탁동시'라는 말에서 그 어원을 찾을 수 있다. 이 말은 새가 알에서 부화할 때 새끼가 안에서 톡톡 쪼는 행위와 어미가 밖에서 탁탁 쪼는 것이 동시에 일어날 때 비로소 두꺼운 알이 깨진다는 의미에서 유래되었다고 한다.

문제 해결을 위한 타이밍은 매우 중요하다. 한 번 놓치면 다시 오지 않는 기회를 붙잡는 타이밍이야말로 바라는 일을 순조롭게 진행시키는 관건이 되기 때문이다. 그럼 어떻게 해야 적절한 타이밍을 맞힐 수 있을까?

사람이 사는 사회는 돈보다도 인간관계라는 기술이 더 필요하다. 인간관계의 기술에서 핵심은 역시 타이밍이다. 그것은 다르게 표현하면 적당하고 적절한 시간에 행한 행위라고 할 수 있다. 행위의 전제는 적절하고도 적당한 시간에 있다.

일본의 기업인이자 인재육성 컨설턴트인 사카모토 아쓰코도 "사람들이 흔히 타이밍은 운이라거나 타고난 감각이라고 생각하지만 실제로 그렇지 않다."며 "오히려 타이밍은 철저한 기술이다."고 잘라 말했다.

타이밍을 포착하는 기술의 첫 단추는 가치관과 비전을 가지는 일이다. 어떤 행동을 할 때 할 수 있을까, 없을까, 오래도록 고민하는 것은 가치관과 비전이 부족한 데서 비롯된다. 이를 위해 타이밍을 적기에 포착하는 적극성과 용기가 필요하다. 여기에 필요한 적극성과 용기는 성공의 강력한 원동력이 된다.

무엇보다 가치관과 비전의 정립은 인생에서 맞닥뜨리는 수많은 순간을 세워준다. 자신과 상대방, 그리고 환경은 변화에 주의를 기울여 관찰하는 과정을 거쳐서 타이밍이라는 감각을 갖게 될 것이다.

최대의 효과를 높이기 위해서는 자신의 기술, 방법, 정보, 네트워크 등을 이용해서 자신이 선택한 타이밍에 적극적으로 행동해야 성공적인 타이밍을 만들어 낼 수 있다. 상황별 유용한 타이밍을 활용하여야 한다.

칭찬할 때 타이밍을 잘 맞히면 효과가 더 높아진다. 부하의 사기와 능력을 이끌어 내는 우수한 리더는 칭찬의 타이밍을 기가 막히게 맞춘다. 하지만 칭찬할 때 타이밍을 맞추지 못하면 하지 않은 것만 못할 것이다.

최적의 칭찬 타이밍은 사소한 것이라도 좋은 결과가 나왔을 때 구체적으로 칭찬하고, 어떤 과정이 일단락됐을 때에는 그 과정 전체를 칭찬하면 더욱 효과적이다.

상대방의 목표를 벗어났거나 능력에 비해 낮은 목표에 만족한 때는 질책의 타이밍도 필요하다. 하지만 타이밍이 어긋나면 상대방이 위축되거나 의욕을 상실할 수 있다. 따라서 질책은 상대를 잘 관찰해 타이밍을 잡아야 한다. 상대가 피곤하거나 힘들어할 때에는 가급적 피하는 것이 좋다. 무엇보다도 상대방이 받아들일 심신의 여유가 생겼을 때가 적기다.

사과 타이밍 역시 그렇다. 실수했을 때 바로 깨끗하게 사과하는 자세가 중요하다. 그 타이밍을 놓치면 상대와의 관계에 금이 갈 수 있다. 사과의 타이밍은 더 이상 말할 것이 없이 즉시 행동하는 것이 좋다. 시간이 흐르면 흐를수록 어렵고 응어리만 남기 때문이다.

때로는 질투도 잘 쓰면 약이 된다. 질투라고 해서 다 나쁜 것은 아니다. 질투란 잘못 쓰면 독이 되기도 하지만, 잘 사용하면 삶의 윤활유가 된다. 지금까지 당신이 가진 것의 반 이상은 당신의 질투심이 아니었다면 불가능했을 것들이다. 그 질투의 감정을 부정적이고 소모적인 곳에 쓸 것이 아니라 자기 스스로에게 동기부여 할 수 있는 발전적인 방향으로 써야 한다.

세상에 노력 없이 그냥 얻어지는 것은 하나도 없다. 인간관계란 노력에서 얻어지는 값진 열매와도 같다. 매사에 타이밍보다 중요한 것이 없다. 오로지 철저히 자신을 훈련하여 타인의 필요에 반응하는 타이밍의 기술을 터득하라. 그러면 타이밍의 기술은 자신의 감각이었던 것처럼 익숙해져서 몸에 밸 것이다. 이제 타이밍을 잘 포착한 당신은 성공한 삶을 살아갈 수 있을 것이다.

04

슬럼프에서 빨리 벗어나라

슬럼프는 누구에게나 찾아오기 마련이다. 성공은 반드시 실패를 앞세우고 온다. 그렇기 때문에 작은 실패 앞에 포기하려는 유혹을 이겨내야만 성공의 맛을 볼 수 있다. 승자와 패자 사이에는 징검다리 역할을 하는 것이 바로 슬럼프다. 슬럼프에서 얼마나 빨리 벗어나느냐가 관건이다.

슬럼프는 일반인보다는 시험을 앞둔 수험생에게 더 많이 찾아온다. 왜 그럴까? 어느 대학, 어느 학과에 합격하느냐에 따라 인생이 결정된다는 압박감 때문이다.

과정보다는 결과에 의해서 결정된다는 것은 한창 성장기에 있는 수험생의 마음을 조여오기 때문이다. 게다가 사회는 수많은 경쟁률의 연속으로, 필연적으로 경쟁 할 수밖에 없는 분위기이기 때문에 실패를 두려워하게 된다.

문제는 슬럼프에서 얼마나 빨리 벗어나느냐는 것이다. 슬럼프는 사람에 따라 오래 머무르기도 하고 빨리 달아나기도 한다.

슬럼프를 극복하는 비결은 무엇일까? 슬럼프는 대부분 심리적 또는 정신적 요인에 많이 좌우된다. 슬럼프에 빠져 있다면 무엇보다 긍정적인 사고와 자신감을 가지는 노력이 필요하다. 아니면 현실을 역으로 생각하여 슬럼프가 실제로 존재하지 않는다고 발상을 전환하는 것도 좋은 방법이 될 수 있다.

"나는 정말 훌륭해, 잘 하고 있어, 나는 행복한 사람이야! 나의 모든 상황이 사막과 같지만 별을 볼 수 있어 즐거워. 그래, 난 희망이 있어."라고 말이다.

슬럼프에 빠져 있을 때는 당황하거나 달리지 말고 잠시 멈추는 것도 하나의 좋은 방법이다. 어느 여론조사에 의하면 슬럼프 극복을 위한 좋은 방법으로 1위가 '일을 멈추고 아무 것도 하지 않는다'라는 결과가 나왔다.

자신이 극복하기 어려운 일이라면 주변의 도움을 받아라. 평소 자신을 잘 알고 있는 지인으로부터 도움을 받는다면 슬럼프에서 빨리 벗어날 수 있다. 중요한 것은 자신을 믿고 의지하는 사람이어야 한다. 그래야 자신의 마음을 열고 질문이나 피드백을 받아들일 때도 자존심이 상하지 않기 때문이다.

슬럼프에 빠져 있는 사람이라면 의사 결정을 내릴 때에도 더 신중하게 결정하여야 한다. 어려울 때 사람들은 악순환의 고리를 끊고 싶은 유혹에 쉽게 빠질 수 있다. 쾌락을 탐닉하며 현실을 도피하려고 하거나 매너리즘에 빠져 자포자기할 수도 있다.

이런 유혹이 아무리 강할지라도 스트레스를 받고 있는 동안에는 중요한 결정을 내리지 말아야 한다. 더욱이 현 상황을 빨리 피하기 위해 순간적으로 판단해서는 안 된다. 슬럼프에 빠졌을 때 판단력은 평상시보다 매우 흐려지기 때문이다.

슬럼프는 언제든, 누구에게나 예고 없이 찾아오는 달갑지 않은 불청객이다. 슬럼프에 빠져 있을 때에는 헤매지 말고 영화나 음악, 가까운 곳으로 여행을 떠나거나 머리를 식히는 것도 슬럼프를 빨리 극복할 수 있는 방법이다.

하루아침에 또 며칠 내에 슬럼프를 극복해 버리겠다는 조급한 생각은 버려야 한다. 다시 말해 어느 때까지 슬럼프를 극복하리라고 기한을 정해서는 안 된다는 말이다. 이런 조급한 생각은 오히려 심적 압박만 가중시킬 뿐만 아니라 정한 기한 내에 슬럼프를 극복하지 못하면 좌절감만 더 키우게 된다.

슬럼프도 스트레스와 같이 '슬럼프의 문'을 닫는 사람에게는 절대로 들어오지 않는다. 자신감이 없다면, 겨울이 지나가고 새 봄이 돌아와도 슬럼프는 여전히 활개를 치며 살아 있을 것이다. 슬럼프라는 긴 잠에서 깨어나 봄의 새싹처럼 생명의 힘이 솟아나 푸르른 잎을 뽐낼 수 있게 하자.

05

우선순위에 따라 일을 하라

모든 사람에게 하루는 24시간 똑같이 주어진다. 그러나 주어진 시간을 활용하는 방법은 천차만별이다. 어느 사람은 하루가 지루하게 느껴지는가 하면, 어떤 사람은 짧게 하루를 보낸다. 시간을 어떻게 활용하느냐에 따라 인생이 달라진다.

성공한 사람들 대다수가 성공비법으로 시간 관리를 으뜸으로 꼽는다. 그래서 몇 년 전부터 시간을 효율적으로 활용함을 가리키는 '시테크'라는 말까지 생겨났다.

중요한 것은 먼저 처리해야 한다. 우선순위를 정하는 시간을 갖자. 중요한 일에 많은 시간을 투자하고 그렇지 않은 일에 적은 시간을 할애하는 것이 기본이다. 때로 시간이 너무 부족할 경우에는 별로 중요하지 않은 일을 과감히 포기하라. 이렇게 적당히 분배하려면 일의 우선순위를 정하는 것이 필요하다.

하루에 10분 정도는 일의 중요도에 따라 시간을 분배하는 시간을 갖는 것도 좋은 방법이 될 수 있다. 이런 시간은 굳이 따로 낼 필요가 없다. 아침에 막 일어났을 때나 잠자기 전에 시간을 활용하면 된다. 하루 일과를 머릿속에 생각하면서 어떤 일을 해야 하는지 정리하면 된다.

무엇이든 미루지 말고 바로 시작하라. 시간을 활용하는 것도 일종의 습관이다. 시간을 잘 활용하지 못하는 사람들은 대부분 결심하고 계획하는 데 많은 시간을 낭비한다. 그러다 보면 정작 그것을 실천할 시간이 줄어든다.

또한 계획표대로 실천하자니 귀찮고 힘들어서 실천을 계속 뒤로 미루는 사람들이 대부분이다. 이런 것은 시간 활용에 있어서 최대의 적이다. 무엇이든 계획하고 결심했다면 그것을 결심한 순간 바로 실천하도록 하라. 부지런함이 습관이 되면 시간을 낭비하는 일은 자연히 줄어들게 된다.

계획표를 세우고 꼼꼼히 체크하라. 계획표는 나침반 역할을 하여 시간 낭비를 막아준다. 계획표는 실천 가능한 일일, 주간, 월간, 연간 계획표를 세우되 가장 장기적인 계획부터 세워야 한다.

그러나 계획표를 만드는 것보다는 그 계획을 잘 실천했는지 확인하는 것이 더 중요하다. 하루 일과를 마무리하면서 계획표를 확인하고 그대로 실천했는지, 아닌지를 체크해야 한다. 이런 시간을 통해

얼마나 시간을 잘 활용하고 있는가를 스스로 점검할 수 있다

휴식을 위한 시간도 필요하다. 보통 사람들은 시간을 잘 사용하는 방법은 놀지 않는 것이라고 생각하기 쉽다. 그러나 그것은 잘못된 생각이다. 사람은 기계가 아니다. 많은 일을 하기에는 정신적으로도 신체적으로도 한계가 오기 마련이다.

짧은 시간이라도 활용하기 나름이다. 잠깐 낮잠을 자는 것도 좋은 방법이다 10~20분 사이의 짧은 낮잠은 일의 능률을 높여주어 다음 계획에 잡힌 일을 훨씬 능동적으로 처리할 수 있도록 해준다. 또 책이나 신문을 읽어 새로운 아이디어를 창출하거나 빠르게 변화하는 시대에 대처할 수 있는 능력을 키울 수 있을 것이다.

휴식도 과업 이상으로 중요하다. 계획표를 세울 때에는 미리 일주일 전이라도 하루 또는 몇 시간을 제대로 쉴 것인지 생각해 두는 것이 바람직하다. 건전한 휴식을 통하여 육체적인 스트레스를 풀 수 있고 집중력 부족으로 시간을 낭비하는 일이 적어진다.

무엇보다도 휴식은 과업의 우선순위를 고려할 수 있는 시간인 동시에, 몸의 기력을 쇄신할 수 있는 시간이 된다. 결국 휴식을 통해 과업의 진전을 가져올 것이며 과업의 수행 중에도 우선순위를 파악할 수 있는 여유를 잃지 않을 것이다.

06

생활습관이 기억력 향상을 좌우한다

많은 교육전문가들은 '기억을 잘 하는 사람들의 공통적인 습관은 반복'이라고 말한다. 왜냐하면 반복하여 뇌를 자극하면 해마에서 시냅스라는 신경세포가 강화되기 때문이다. 사람들은 쉽게 잊어버린다. 꼭 기억해야 할 일이 있다면 시간이 덜 지난 뒤 반복하는 것이 가장 효과적인 기억법이다.

매스컴이나 신문광고를 통하여 기억력을 좋게 한다는 광고를 쉽게 접할 수 있다. 유감스럽게도 우리나라에서는 아직까지 기억력을 획기적으로 증가시키는 약은 개발되지 않고 있다. 바람직한 생활습관을 만들어서 기억력을 증진시켜야 한다.

수면만 잘해도 기억력을 한층 높일 수 있다. 뉴욕 주립대학 피쉬바인 박사는 뇌파가 완만하여 거의 꿈을 꾸지 않는 숙면상태인 서파

수면을 포함한 가수면이 창의성과 기억형성에 많은 도움을 준다는 사실을 실험을 통해 알게 되었다.

기억력을 높이는 방법 중에서 가장 중요한 한 가지 요소가 있다. 불필요한 것을 외우지 말아야 한다는 것이다. 우리의 뇌는 컴퓨터의 메모리가 한정되어 있는 것처럼 인간 뇌의 기억력도 어느 정도 용량이 한정되어 있다. 특히 작업 기억의 용량은 한정되어 있다. 따라서 쓸데없는 것을 기억하지 않아도 되기 때문에 기억력을 높이는 데 도움이 된다.

다음으로 단서를 활용하면 더욱 효과적이다. 기억할 때 활용하는 중요한 책략 중의 하나는 연상법이다. 연상이란 A를 보면 B가 생각나는 식이다. 집에 도착하면 어떤 일을 꼭 해야 하는데 잊어버릴 것 같을 때, 가지고 다니는 가방에 끈을 매달아 놓거나 휴대폰이 울리도록 해놓으면 집에 도착했을 때 그 일을 기억해내는 연상법을 말한다.

시각화하는 것도 한 방법이 될 수 있다. 연구결과에 의하면 인간의 두뇌는 좌우측으로 나뉘어져 있고 언어와 시각을 한쪽 뇌가 아니라 양 뇌가 나누어 맡고 있다. 따라서 좌반구와 우반구를 동시에 사용한다면 그 중 하나만 사용하는 것보다 기억효과가 훨씬 더 증대된다.

예를 들면, 만난 사람의 이름을 기억할 때에는 유명한 연예인 이름과 연관하여 기억하면 오래 남을 수 있다. 지명을 외울 필요가 있다면 그냥 외우는 것보다는 지도상 위치를 생각해 가면서 외우는 것이 훨씬 쉬울 것이다. 다소 추상적인 말인지는 몰라도 그림이나 도표 등의 형식으로 이미지화시킨다면 더 기억하기 좋을 것이다.

무엇보다 생활습관을 통하여 기억력을 높여야 한다. 전문가들은 "적당히 쉬고 스트레스를 적극적으로 푸는 것이 기억력 향상에 중요하다."고 말한다. 휴식 없이 공부나 일만 할 경우 과중한 스트레스에 의해 뇌에서 글루코코르티코이드 호르몬이 급격히 늘어나는데 이것이 기억력 회복을 방해한다.

또 이 호르몬은 단기기억이 장기기억으로 저장되는 과정을 방해하는 것으로 알려졌다. 심한 정신적 충격이나 과도한 스트레스는 일시적 기억상실을 일으키기도 한다는 사실을 명심하여야 한다. 평상시 열심히 공부해도 시험시간이 되면 몽땅 잊어버리는 것도 이런 현상 때문이다.

걷기나 달리기 같은 운동을 규칙적으로 하면 기억력이 좋아진다는 것은 누구나 잘 알고 있는 상식이다. 하지만 흡연과 음주는 몸에 해롭다는 것은 알고 있으면서 정작 절제하지 못하는 것이 현실이다. 인체 중 술의 영향에 가장 민감한 곳은 바로 뇌이다. 술을 마시면 일단 기분은 좋아지지만 결국 여러 가지 악영향을 미친다.

특히 코골이나 수면 무호흡증을 가진 사람에게 뇌의 산소공급을 현저히 떨어뜨려 뇌세포에 막대한 악영향을 끼칠 수 있다. 또 과도한 흡연은 니코틴에 의한 신경독성 외에도 혈중 이산화탄소 농도 증가,

모세뇌혈관의 혈류 악화를 유발하게 되어 기억력에 좋지 않은 영향을 미친다.

기억력을 높이는 방법은 여러 가지 방법이 있을 수 있다. 하지만 자신에게 맞는 방법을 선택하여 꾸준하게 노력하고 실천하는 것이 더 중요하다. 그리고 많은 시간을 투자하여 기억력을 높이는 방법도 좋지만, 밤에는 서파수면을 통하여 질 높은 수면을 하고 낮에는 생활 속에서 스트레스를 받지 않고 주어진 일을 충실히 하는 것이 기억력을 높이는 최선의 방법임을 명심하여야 한다.

07

제로베이스에서 시작하라

인간의 맹점이 하나 있다. 그것은 추억에 빠져서 과거 지향적으로 변한다거나 문제를 해결하려고 할 때면 과거의 문제로 돌아가려는 속성이 있다는 것이다. 추억이란 그 자체로 아름답지만 심각한 문제를 해결하려고 할 때 과거를 거쳐 평정을 모색하려 한다면 실패로 끝나 좌절에 빠지기 쉽다.

이때 우리에게 유용한 것이 있다. 제로베이스에서 시작하는 것이다. 즉 원점에서 다시 출발한다는 말이다. 여기에서 '매몰비용'이라는 말에 주의를 기울여 보자. 매몰비용이란 투자는 했는데 회수할 수 없는 돈을 말한다. 많은 사람들은 매몰비용을 생각하면서 살아가고 있다. 말하자면 잃어버린 시간의 가치를 중시하여 현재를 제대로 보지 못하고 있다. 이는 인간의 삶이 유한한 시간으로 구성되어 있고,

시간의 적절한 활용이 경쟁력이라는 것을 생각할 때 시간 낭비로 끝날 수 있다는 말이다.

우리의 시간은 현재 이 지점에서 기준을 잡아야 한다. 만약 당신이 만성적인 적자에 빠져 있다거나 정체상태에 있다면 그것을 해결하기 위해 과거의 비용을 매몰비용으로 판단하고 현재를 기준으로 의사 결정을 하라는 것이다. 당신의 문제가 예산과 관련된 것이라면 원점에서 다시 검토하여 결정하라는 말일 것이다.

어떤 표현이든 원점이라는 말이 중요하다. 인간은 지나간 것의 비용을 크게 생각하고 앞으로의 것을 소홀하게 생각하는 경향이 있다. 사람들은 매몰비용에 집착하는 편이다. 시간 경영에서 중요한 것은 현재이며, 더 중요한 것은 현재의 행위로 인한 현재수익 내지 기대수익이라고 할 수 있다. 과거에 지불(경험)한 비용(사건)을 전적인 판단의 기준으로 잡는다면 올바른 판단을 할 수가 없다. 과거란 감정의 영역이다.

가족이나 친구들과 함께 영화관에 갔다고 생각해보자. 본인이 원하는 영화는 매진되어 아무 영화를 보는 경우가 생길 수 있다. 그러나 몇 분도 안 되어 실망을 하게 되고 지불한 돈이 아까워서 영화가 끝날 때까지 좌석에 앉아 있는 경우가 있다.

어떤 사람들은 이것이 현명한 대처라고 말할지도 모른다. 과거에 지불한 돈이 아까워서 시간을 쓰라거나 어떤 것이든 손해될 것은 없다는 식으로 말이다. 하지만 경제학적 입장에서 보면 그것은 바른 행동이 아니다.

이미 지불한 비용에 집착한 나머지 그 영화를 포기함으로써 얻을 다른 가치에 대해서는 생각하지 못한 것이다. 더 좋은 다른 영화를 선정하여 얻을 효용을 무시했기 때문이다.

인생에서 기회는 누구에게나 있다. 몇 번 되는 기회를 놓치는 사람도 있고, 한 번의 기회를 잡는 사람도 있다. 어떤 사람이 간절히 원하는 직업을 갖기 위해서 여러 번의 시험을 치르다 포기하고 그만두었다면 다음 기회에 될 수 있는 기회를 포기한 것이 되고야 만다.

포기하지 않고 다음 기회에 합격하였다면 그는 정녕 성공한 사람이다. 이는 매번의 실패를 경험하고 나서 발생할 수 있는 좌절감을 극복하기 위해서 처음 시작하는 것처럼 마음을 가다듬고 다져서 다시 도전하라는 말이다.

곧 제로베이스에서 시작하라는 것이다. 실패에 얽매이지 말고, 실패를 거울삼아 제로베이스에서 다시 도전하라. 마치 한 우물을 파려고 작정한 사람처럼 말이다.

제로베이스에서 시작하라는 말은 과거에 지불한 비용이나 당신을 힘들게 하는 것에 대한 것들을 매몰비용으로 생각하고 다시 시작하라는 말이다. 이럴 때 무엇보다 중요한 것은 감정을 절제하고 이성적으로 판단하며 행동하려는 노력이다.

제로베이스에서 시작하면 당신은 지금 당장 해야 할 일들을 찾을 수 있을 것이다. 과거의 것들에 대해서는 생각하지 않은 채 미래에 대한 적절한 계획을 수립하면 실패의 확률은 최소한으로 줄어들 것이다. 그러면 에너지를 최소한 소진하면서도 힘 있는 에너지를 발산할 수 있을 것이다. 당신의 현재 시간은 바로 '0시'임을 명심하라.

08
'우직지계'의 교훈으로 살아라

인생은 먼 길을 가는 여정이다. 여행처럼 짧게 떠난 후에 돌아오는 것이 아니다. 너무 조급하게 서두를 필요가 없다. 때로는 알면서도 먼 길로 돌아가야 할 때가 있다. 이것이 인생이다. 이런 우회의 논리는 현대 중국인의 마인드에 많이 남아 있다. 중국의 외교 전술이나 무역, 경제활동 등에서 자주 사용되는 것이 '우회의 전술'이다.

직접적이고 즉흥적인 대응은 가능한 자제해야 한다. 상대방에게 반발과 분노를 살 수 있기 때문이다. 다양한 비유와 암시 등을 통하여 상대방이 스스로 알아차리게 하는 것이 설득의 가장 중요한 방법이다.

손자병법에 '우직지계' 란 말이 있다. '우'는 우회한다는 의미고, '직'은 직선거리로 간다는 뜻이다. 당연히 우회하는 것이 직선으로 가는 것보다는 멀다. 그러나 인생을 살다보면 우회하는 것이 직선으로 가는 것보다 목적지에 빨리 도착할 수도 있다는 말이 '우직지계'에 담겨진 의미이다.

전쟁을 하기에 앞서 적보다 유리한 조건을 차지하기 위해서는 전쟁터에 먼저 도착하는 것이 전쟁에서 승리할 수 있는 유일한 길이다. 병력을 직선으로 이동하면 적군으로부터 노출되어 전략 이 사전에 알려지기 때문이다. '인간만사 새옹지마'라는 말이 있다. 『회남자』에 나오는 이야기다. 옛날 중국 북방 변방에 있는 요새 근처에 한 노옹이 살고 있었다고 한다.

어느 날 이 늙은이 말이 달아났다. 마을 사람들은 말을 잃어버린 늙은이에게로 와서 위로의 말을 했다. 그러나 이상하게도 노옹은 전혀 슬픈 기색 없이 태연하게 말했다.

"아니오, 누가 알겠소? 내가 말을 잃어버린 일이 복이 될지?"

몇 달이 지난 어느 날 집 나간 말이 짝을 찾아 준마를 데리고 돌아왔다. 마을 사람들은 축하의 말을 건넸다. 그러나 노옹은 기쁜 기색도 없이,

"아니오, 누가 알겠소? 들어온 말이 화가 될지?"

그러던 어느 날, 노옹의 아들이 그 준마를 타다가 떨어져 다리가 부러졌다. 마을 사람들이 모두 위로하자 노옹은 조금도 슬픈 기색 없이 또 태연하게 말했다.

"아니오, 누가 알겠소? 내 아들이 말에서 떨어져 다리가 부러진 것이 복이 될지?"

그로부터 1년이 지난 어느 날 외적이 국경을 침입하였다. 마을장정들은 전쟁에 나가 싸우다가 모두 전사했다. 그러나 노옹의 아들만은 절름발이였기 때문에 징집에서 벗어날 수 있었고 그 마을에서 그 절름발이 청년만 무사했다. 그 뒤로 살아남은 젊은이가 행복했는지 불행했는지는 모른다. 적어도 우리에게 다가오는 변화무쌍한 상황에 대하여 쉽게 판단할 일은 아니라는 메시지와 교훈을 주는 이야기이다.

'천리 길도 한 걸음부터'라는 말이 있다. 정주영의 〈부자 되는 비결〉은 '한 걸음 한 걸음 서두르지 않고 확실하게 내디디면서 정상에 먼저 도달하는 등산가의 그것과 같다'고 했다. 이것이 바로 손자병법의 우직지계와 일맥상통하는 말이다.

험한 벼랑 같은 길은 우회해서 가는 것이 목적지에 더 빨리 다다를 수 있다는 의미가 함축되어 있다. 무슨 일이든 급하게 하면 문제가 생기고, 산을 빨리 오르려고 정상만 바라보며 걷다 보면 돌부리에 걸려 넘어지거나 숨이 차서 지치게 마련이다. 너무 서두르지 말라는 의미이다.

인생이란 거대한 회계장부를 마지막으로 결산해 보면 남보다 우회하고 늦은 사람이 더 행복한 삶을 살 수 있다. 우직지계는 인생의 항로를 발견하고 상대방을 설득하는 데서 의미를 재발견할 수 있다. 지금 당장은 우회하는 것이 먼 것처럼 느껴지지만 결국은 목적지에 빨리 도착할 수 있을 것이다. 우직지계의 교훈처럼 크게 생각하고 멀리 보자.

09

잠자는 시간을 잘 지켜라

수면도 일종의 습관이다. 일찍 일어나는 습관을 길러야 한다. 그러기 위해서는 일찍 잠을 자야 한다. 아침에 일찍 일어나서 하루 종일 기분이 좋게 보냈다면 80% 정도는 성공했다는 증거이다. 잠자는 시간을 잘 지켰기 때문이다.

늦게 잠을 자면 성장을 방해한다. 잠자는 시간은 성장과 깊은 관계가 있다. 정해진 시간에 잠자리에 드는 습관을 가지면 생체리듬에 맞춰 뇌하수체에서 성장호르몬의 분비가 왕성해진다. 성장호르몬의 2/3는 밤 사이에 뇌하수체에서 분비된다.

이 호르몬이 다시 다른 내분비선을 자극하는 촉진 성분을 관리하게 되어 아이의 성장과 신체 발달에 중요한 역할을 한다. 성장호르몬은 수면의 특정한 단계에서 생산된다. 잠이 들고 1~2시간 정도 지났을 때, 그리고 12시 이전에 분비되기 때문에 늦게 잠을 자면 이 호르몬의 분비가 줄어들게 된다. 성장호르몬이 분비가 줄어들고 지방 축적을 촉진하는 부신피질호르몬의 분비량이 증가하게 되어 비만 발생률이 높아진다.

충분한 잠을 자지 못하면 정서에도 많은 영향을 준다. 집중력도 떨어지고, 정서가 불안해진다. 세로토닌은 수명이나 기억, 식욕 조절에 관여하며 인간의 몸과 정신에 활력을 불어넣어 주는 기능을 한다.

그래서 세로토닌을 행복호르몬이라고도 부른다. 이 호르몬이 부족하게 되면 우울증에 걸리기 쉽고, 자극이나 통증에 민감해진다. 우울증 환자에게 세로토닌을 증가시키는 약을 처방하는 것도 이 때문이다.

우리가 살아가는 환경인 자연에는 리듬이 있다. 이 리듬이 잘 유지되어야 건강한 생활을 할 수 있다. 그중에서도 우리가 분명히 느낄 수 있는 신체리듬이 바로 잠이다. 사람이 낮에 깨고 밤에 자는 것은 낮과 밤이라는 자연의 주기와 리듬에 우리 몸이 맞추어져 있기 때문이다.

이 리듬이 깨질 때 가장 먼저 나타나는 증상이 불면증이다. 몸이 아파도 불면증이 오는데, 심리적으로나 환경적으로 문제가 있어도 오는 것이다. 잠은 사람에게 가장 기본적인 휴식의 시간을 제공한다. 체력을 축적할 수 있는 에너지의 공급도 바로 잠을 통해서 이루어지기 때문이다.

교실에서 잠자는 학생들이 늘고 있다. 보통 절반 이상의 학생들이 교사가 수업을 실시한 지 20여 분도 넘기지 못하고 잠을 잔다. 강의 내용하고는 상관없이 학생들에게는 '자장가' 소리로 듣는다. 심지어는 교실에선 술 취한 사람들처럼 곯아떨어지는 학생도 있다. 강의 내용이 재미가 없어서 그럴까, 아니면 학원에서 선행학습을 해서 흥미를 잃었기 때문일까?

원인은 여기에 있다. 학생이 잠자는 시간을 잘 지키지 않았기 때문이다. 밤늦게까지 컴퓨터를 한다든지, 충분한 잠을 자지 않았기 때문이다. 사람은 하루에 6시간 이상의 수면이 필요하다.

이러한 시간은 우리의 뇌가 기억을 정리하고 학습한 것을 정착시키는데 최적의 시간이다. 뇌에는 '기억의 공장'에 해당하는 '해마'가 있다는 사실을 기억하자. 오감을 통해 뇌로 입력된 정보는 여기서 일시적으로 보관된다. 수면시간은 일종의 습관이다. 잠자는 시간을 잘 지켜 행복한 내일을 꿈꿔보자.

10

천재도 훈련으로 만들 수 있다

천재를 인위적으로 만들 수 있을까. 우리가 건강한 신체를 유지하기 위하여 몸을 단련하듯이 마음의 근육 또한 뇌라는 실재를 통해서 훈련시킬 수 있다는 연구 결과들이 발표되었다. 그래서 천재도 훈련을 통하여 만들 수 있다는 말에 사람들은 희망과 자신감을 갖게 된다.

우리 몸의 뇌는 140억 개의 신경세포로 이루어졌다. 무게는 사람에 따라 다소 차이가 있지만 1,300~1,400g으로 몸무게의 2%에 해당된다. 뇌는 우리 몸의 에너지원인 포도당과 산소를 사용한다. 에너지 이동을 위해 혈액도 17%를 사용하며 크게 대뇌, 소뇌, 뇌간으로 나눌 수 있다.

우리 뇌는 많은 신경세포로 구성되어 있지만 매일 수십만 개씩 파괴된다. 이 말은 우리가 나태해지고, 뇌를 활성화시키지 않는다면 뇌 활동은 정체되거나 후퇴할 수 있다는 말과 같다. 쓰지 않으면 더 많이 기능을 잃어버리거나 파괴될 수 있다. 매우 심각한 현상이다. 두뇌의 운동이 줄어들게 된다면 그에 비례하여 두뇌활동이 줄어든다. 뇌를 바꿀 수 있다는 말은 다소 익숙하지 않지만 훈련을 통하여 활성화하는 것은 어쩌면 당연한 이야기인지 모른다.

그래서 두뇌도 운동을 해야 한다는 말에 무게가 실리고 설득력을 얻게 된다. 사람의 뇌는 생후 7개월경부터 활동이 활발하게 진행되다가 20대 이후는 다른 세포와 마찬가지로 뇌세포도 노화되기 시작한다. 건강하게 움직이는 뇌를 항상 유지하기 위해서는 무엇인가 해야 한다.

기억이란 인간의 삶을 살아가는 데 매우 중요한 요소라는 것을 알 수 있다. 뇌세포가 노화되기 시작하면 먼저 찾아오는 것이 기억력 감퇴, 학습능력은 물론이고 집중력이 저하된다. 기억이란 인간이 삶을 살아가는 데 매우 중요한 요소가 된다. 이러한 현상은 50대에 들어오면서 현저하게 나타나기 시작하는 것이 일반적인 현상이다.

우리의 뇌는 기억보다 망각에 익숙하다. 생존을 위해 꼭 필요한 것만 기억하고 나머지는 잊어버리려고 노력해왔기 때문이다. 이런 뇌를 효과적으로 치료하기 위해서는 뇌에 반복적으로 인지적 자극을 주는 것이다. 가장 효과적으로 자극을 줄 수 있는 것이 책읽기다.

사람들은 보통 블록버스터 영화를 보거나, 게임들을 하면 정신없이 빠져들기 때문에 스트레스가 풀린다고 생각한다. 오히려 현란한 영상이 두뇌의 측두엽과 후두엽을 강하게 자극해 더 피로해지고 스트레스를 받게 된다.

하지만 독서는 단순히 문자를 보는 것이 아니라, 글이 설명하는 상황을 머릿속에서 상상하고 공감하기 때문에 앞으로 일어날 일을 예상하는 등 보다 복잡한 사고과정이 이루어지기 때문에 전두엽의 발달에 직접적인 자극을 줄 수 있다. 독서를 통하여 뇌를 적극적으로 활용하기 때문에 신경세포가 치밀해지고 넓어져서 두뇌 발달이 활발해진다.

기억력을 증진시키기 위해서는 짧은 시간을 이용하여 유산소운동을 하면 큰 도움이 된다. 유산소운동은 혈액순환을 원활하게 하여 뇌로 가는 산소와 영양공급을 증진시킨다. 또 뇌세포 보호효과가 있고 스트레스를 줄여주는 일석이조의 효과가 있다.

피로는 집중력을 유지하는 데 큰 장애물이다. 장시간 앉아 있거나 스트레스가 많은 학생들에게 찾아오는 친구다. 피로를 회복하는 방법에는 여러 가지가 있겠지만 식습관만 바꾸어도 상당한 효과를 볼 수 있다.

검은 참깨나 검은 콩, 연뿌리 등은 단백질과 광물성 물질이 많이 들어있다. 이것을 죽이나 반찬으로 만들어 먹으면 피로를 푸는 데 효과적이다. 음식에는 두뇌를 자극시켜 머리 회전을 원활하게 하고 기억력을 강화시키는 영양소가 들어있기 때문이다.

수험생들은 아침을 거르는 경우가 종종 있다. 아침을 거르면 뇌세포의 활동이 위축돼 학습능력이나 사고력, 집중력이 크게 떨어지기 때문에 소화가 잘 되는 음식을 챙겨 먹이는 것이 좋다.

뇌는 외부로부터 오는 감각자극을 받아들여 반응하는 과정에서 발달하기 때문에 이때도 오감을 자주 사용하면 뇌가 활발해진다. 아름다운 음악을 듣고, 좋은 그림이나 경치를 감상하고, 부드럽고 맛있는 음식을 먹고, 좋은 냄새나 향기를 맡고, 사랑하는 사람의 손을 만지는 것만으로도 뇌는 활성화되고 노화가 방지된다.

컴퓨터 사용시간이 점점 늘어가고 있다. 컴퓨터 앞에 앉아 있는 시간이 많은 현대인들은 오후가 되면 뒷목이 뻣뻣해지고 어깨가 무거워지고 눈도 건조해지기 일쑤다. 이럴 때 앉은 자리에서 어깨와 목에 힘을 빼고 '도리도리' 하듯 고개를 좌우로 몇 분만 흔들어도 목과 어깨의 뭉친 근육이 풀린다. 눈도 점차 시원해지는 것을 느낄 것이다.

천재도 훈련으로 만들 수 있다. 인지능력은 사람에 따라 얼마든지 계발이 가능하다. 무엇보다 규칙적인 생활을 해야 두뇌활동을 증진시킬 수 있다. 유산소운동으로, 식생활 개선으로, 오감의 자극으로, 이런 지속적인 생활을 통하여 두뇌활동을 증진시켜 천재로 만들어야 한다.

제4부

성공할 사람들은 1%가 다르다

01

호감 가는 인상을 하라

볼수록 호감이 가는 사람이 있다. 만나면 편안한 사람이 있다. 왠지 모르게 칭찬해 주고 싶은 사람이 있다. 말을 하면 따스함이 흐르는 사람이 있다. 모두 좋은 인상을 가진 사람들이다. 좋은 인상은 모든 관계를 원만하게 해준다.

일반적으로는 타고난 핸섬 가이나 프리티 우먼이라면 선입견에서 후한 점수를 받을 수 있다. 그렇지만 생김새만으로 좋은 인상을 유지하기는 어렵다. 그렇다면 어떻게 하면 좋은 인상을 만들 수 있는가. 첫 팁(TIP)은 이것이다. 좋은 인상을 주기 위해서는 첫인상이 좋아야 한다. 첫인상은 처음이자 마지막 인상이라고 할 만큼 중요하다.

얼굴은 한 사람의 표상이다. 얼굴에는 그 사람의 육체적 특질뿐만 아니라 인격과 살아온 내력이 고스란히 깃들어 있다. 사람을 처음 만났을 때 가장 먼저 시선이 가는 곳이 바로 얼굴이다. 사람의 인상은 얼굴 표정에 따라 결정된다.

사람의 얼굴 근육은 50개 이상이다. 그 중에서 웃고, 울고, 말하며 일상적으로 이용하는 근육은 약 40개 정도라고 한다. 이 근육은 뇌의 명령에 따라 움직이기 때문에 무슨 생각을 하고, 어떤 생활을 하는가에 따라 얼굴 모양이 달라진다.

처음 상대를 만났을 때 좋은 이미지를 보여준다면 그것이 계속 긍정적인 역할을 하겠지만, 반대로 나쁜 인상을 준다면 이후에 아무리 새로운 모습을 보여준다 해도 부정적인 감정이 연상되어 좋은 인상을 가지게 하려면 많은 시간과 노력이 소요된다.

다시 강조하지만 좋은 인상은 첫인상이 만들어 준다. 처음에 형성된 인상은 그리 쉽게 바뀌지 않는다. 물론 대화를 계속 나누다 보면 상대의 인상이 조금씩 바뀌는 경우도 있다. 첫인상이 쉽게 바뀌지 않는 이유는 사람의 두뇌 역할을 하는 정보처리과정에서 초기 정보가 후기 정보보다 훨씬 중요하게 작용하기 때문이다. 심리학에서는 이런 것을 '초두효과'라고 부른다. 먼저 받은 정보가 이미지 형성에 더 큰 영향을 준다는 것으로, '이미지 메이킹' 분야에서 아주 중요한 키워드로 사용되고 있는 개념이다.

어떤 사람에 대해 상반되는 정보가 시간 간격을 두고 주어지면, 앞의 정보가 뒤의 정보보다 인상형성에 큰 영향을 미친다. 심리학자들은 우리 두뇌는 짧은 시간이지만 본능적으로 처음에 들어오는 정보의 신뢰도가 매우 높기 때문이라고 설명한다.

뇌를 연구하는 과학자들은 뇌의 편도체가 빠른 시간에 인상 판단의 역할을 한다는 사실을 밝혀냈다. 첫인상은 17/1,000초 만에 형성된다는 연구결과도 나왔다. 우리 두뇌는 아주 짧은 시간에 본능적으로 상대방에 대한 호감이나 신뢰도를 결정한다.

순간적으로 판단되는 첫인상을 얼마만큼 신뢰할 수 있느냐가 문제될 수 있다. 미국 프린스턴대학교 심리학과 토도로프 교수의 '정치인의 첫인상이 선거에 미치는 결과'라는 연구는 첫인상에 대한 가설을 흥미롭게 제시한 좋은 사례다.

실험에 참가한 사람에게 두 장의 사진을 보여주고 '누가 더 유능한가?' 선택하게 한 결과, 놀랍게도 상원의원 후보의 70%, 하원의원 후보의 68%에 이르는 당선 적중률을 보여주었다. 사람들이 얼마나 첫인상을 통해 많은 것들을 그것도 짧은 시간에 정확하게 판단하는지를 여실히 보여준 결과라고 볼 수 있다.

첫인상을 결정하는 데는 비언어적인 요소의 역할도 중요하다. 의사전달을 함에 있어서는 언어적인 요소 이상으로 비언어적인 요소가 이미지 형성에 매우 중요한 역할을 한다. 육체언어인 바디랭귀지는 무의식에서 나온다. 그래서 말보다 더 정확한 메시지를 전달하고 표현한다.

상대방에 대한 정보 파악도 필요하다. '느낌 좋은 첫인상'의 저자 앤 데마레이스 박사는 처음 만나기 전 상대방에 대한 정보를 미리

숙지하는 것이 좋은 인상을 만드는 첫 번째 관건이라고 강조했다. 상대방에 대한 정보는 관심의 정도와 호감의 지표가 된다. 취미가 무엇인지, 어떤 음식을 좋아하는지, 무슨 운동을 좋아하는가 등에 대한 기본적인 정보라도 알아 두면 큰 도움이 된다. 만약에 알 만한 정보가 전혀 없다면 이름 석 자라도 기억해 두는 것이 좋다.

02

인생의 멘토를 찾아라

사람은 혼자 살 수 없다. 혼자만의 힘으로도 살 수 없다. 내가 쓰는 물건은 남이 만들어 준 것이고 내가 먹는 음식도 자연의 혜택과 다른 이들의 노동의 결과로 내게 온 것들이다. 사람은 누구나 다른 존재들로부터 도움을 받고 또 도움을 주며 살아간다. 인생을 살며 혼자 해결하기 어려운 어려움에 부딪힐 때도 있다. 이때 친구처럼 후원해 줄 수 있는 사람이 주변에 있으면 그 사람은 인맥관리는 물론 성공적인 삶을 살고 있는 사람이다.

멘토(Mentor)라는 말은 그리스 신화에서 비롯되었다. 고대 그리스의 왕인 오디세우스가 트로이 전쟁을 떠나며 자신의 아들을 보살펴 달라고 한 친구에게 맡겼다. 그 친구의 이름이 바로 '멘토'였다. 멘토는 오디세우스가 돌아올 때까지 그 아들의 친구, 선생님, 상담자, 때로는 아버지가 되어 잘 돌보아 주었다. 그 후로 멘토라는 그의 이름은 지혜와 신뢰로 한 사람의 인생을 이끌어 주는 지도자라는 의미로 사용되었다.

최근 사회 곳곳에서 '멘토-멘티' 관계 맺기가 활발하다. 선·후배들이 조언을 주고받는 '멘토링'이 연예계에서 각광받고 있다. 2000년 이후 연예기획사가 대형화되면서 연예인끼리 교류가 줄어들었다고 한다. 작품에 출연하지 않는 한 만날 일이 없었다. 하지만 최근에는 소속사를 떠나 인간적으로 멘토-멘티 관계를 맺고 시너지 효과를 내는 사례가 늘어가고 있다.

칭찬하는 두 사람을 '멘토링'으로 보아도 무방하리라. 칭찬하는 사람(멘토)이 있으면 반드시 칭찬 받는 사람(멘티)이 있기 마련이다. 두 사람은 일종의 긴밀한 관계가 형성된다. 복잡하고 지난한 현대사회에서 사람들은 홀로 서기 어렵다. 상호보완적인 인간관계가 절실하다. 현대사회에서 '멘토링'은 특별한 형식이 아니라 일반적인 인간관계의 요구라고 해도 과언이 아니다.

연예계에서 개그맨들의 세계는 예전부터 도제식 교육과 선후배의 위계질서가 엄하기로 널리 알려져 있다. 그런데 멘토링을 통하여 최근에는 선배들이 스스로 자신의 지위에서 내려와 후배들과 허물없이 지내는 추세라 한다. 그러다 보니 서로 간에 따뜻한 마음을 나누며 구성원들이 인간성을 회복해가고 있다고도 한다.

KBS2 〈개그콘서트〉, 일명 '개콘'은 '멘토링 시스템'이 가장 성공적으로 정착된 사례이다. 〈개콘〉은 최근 현직 개그맨 김준호, 박성호, 김대희를 중심으로 이른바 '고참모임'을 만들어 제작진과 프로그램 혁신 방안을 논의했다. 이 과정에서 나온 것이 '선·후배 짝짓기'였다. 이들은 워크숍까지 다녀오며 제작진이 묶어준 선후배의 시너지효과를 실감했다.

멘토링은 6~7년차 이상 중간급 개그맨과 3년차 이하 신인급 개그맨을 묶는 방법으로 이뤄졌다. 개그맨 양상국은 방송인 김제동을 멘토로 삼았고, 무한도전 멤버들을 비롯한 많은 방송인들이 개그맨 유재석을 멘토로 삼고 있다. 이런 멘토링을 통하여 멘토는 조언하면서 스스로를 다지고, 멘티는 닮아가며 정신적 위안을 얻는다고 한다.

주말연속극 〈최고다 이순신〉에 출연 중인 유인나 배우는 같은 드라마에 출연 중인 이미숙 배우를 멘토로 꼽는다. 후배 유인나는 첫 대본 연습 후 이미숙 선배의 "너 정말 잘한다."는 칭찬 한 마디에 롤모델로 삼기로 결심했다고 한다.

대학생을 대상으로 한 설문조사에서도 인맥지수는 '성공을 위해 가장 중요한 지수'로 손꼽힐 만큼 중요한 항목으로 자리를 잡아가고 있다. 그만큼 젊은 사람들도 인맥을 형성하는 것이 성공적인 삶을 살아가는데 필요하다는 데 공감하고 있는 것이다.

세상에 내 이익만 챙기려고 접근하는 사람을 환영할 사람은 한 명도 없다. 내가 도움을 받기 위해서는 나도 그만큼 신뢰와 믿음을 쌓아야 한다. 혹시 먼저 도와줄 수 있는 일이 있다면 상대방이 말하기 전에 먼저 다가가는 것이 바람직하다. 당신의 배려는 두 배의 감동으로 돌아올 것이다.

당신이 어려울 때 당신에게 도움을 받았던 그 사람이 발 벗고 나설 것이므로 내가 먼저 다가가자. 해야 할 일이라는 걸 모두 다 알고 있지만 귀찮아서 하기 싫은 일이 종종 있다. 나는 먼저 생각하지 못했는데 누군가가 하는 것을 보고 놀랄 때도 있다. 만약 당신이 그 일을 한다면 당신은 더욱 돋보인다. 눈에 띄고자 하는 의도적인 행동이 아니라 진심으로 자발적으로 자기를 희생하고자 한다면 모두가 그 진정성을 인정할 것이다. 평소에 '내가 먼저' 하는 습관을 들이는 노력이 인생의 멘토를 찾는 데 큰 도움이 될 것이다.

03

남의 장점을 보는 눈을 가져라

음지가 양지가 되고, 먼저 된 자가 나중 된다는 말이 있다. 매사 한결같을 수는 없다는 말이고, 대상은 시기나 관점에 따라 다르게 보일 수도 있다는 뜻이다. 아무리 훌륭한 사람일지라도 단점이 있기 마련이다. 단점은 성격이 될 수 있고, 용모가 될 수도 있다. 심지어 훌륭한 명성이나 지위도 단점으로 여겨질 때가 있다.

많든 적든 단점을 가지고 살아간다 것이 인간이다. 그렇기 때문에 단점을 단점으로만 보지 않고 달리 보려는 노력이 필요하다. 나아가 칭찬해 주면 칭찬의 효과는 배가되기 마련이다. 이것이 인간의 심리다. 하지만 군자가 아니고서는 장점이 아닌 단점을 칭찬하는 것은 결코 쉬운 일은 아니다.

인간의 욕구는 다양하면서도 공통점이 있다. 누구나 다른 사람들로부터 인정받기를 바란다. 자기의 진가를 인정받고 싶어하고, 자기가 세상에서 가장 소중한 존재라고 생각한다. 이는 인지상정이다.

먼 옛날 프로메테우스가 사람을 만들면서 자루 두 개를 매달도록 했다. 자루 하나에는 타인의 단점을 넣어 사람의 앞쪽에 걸었고, 다른 하나에는 그 사람 자신의 단점을 넣어 뒤쪽에 매달았다. 그 결과 사람들은 남들의 단점이 든 자루는 잘 보지만, 자신의 단점이 든 자루는 보지 못하게 되었다는 이야기가 있다. 이솝우화의 한 대목이다.

우화에서 보듯 인간이란 원래 자신의 장점보다는 남의 단점을 먼저 보기 쉽다. 갈등 상황에선 많은 사람들이 자신의 단점은 감추려 하고 상대방의 단점을 최대한 노출시키려고 하여 서로 감정이 상하는 일도 빈번하다. 특히 자신과의 외로운 싸움을 벌여야 하는 상황에서는 남의 사소한 단점이 확대되어 신경을 건들이기 마련이다. 자신의 단점은 감추려 하고, 상대방의 단점은 최대한 노출시키려고 하는 것이 오늘의 현실이다.

교육적인 측면에서는 다른 관점이 있다. 교사가 아이를 칭찬할 때 단점보다 장점을 칭찬하면 더 효과적이다. 모든 사람들은 자신도 모르는 그 나름의 장점을 가지고 있다. 그 장점을 찾아 칭찬해 주는 것은 상대방으로 하여금 자신의 존재가치를 인식시켜 준다. 인간은 누구나 태어날 때부터 한 가지 강점지능을 갖고 있듯이 누구나 한 가지 장점을 갖고 살아간다.

장점 칭찬의 효과는 정치인에게 두드러진다. 정치인이 선거과정에서 상대방의 후보의 장점을 칭찬하면 오히려 자신의 득표에 많은 보탬이 된다.

자라나는 학생들은 성적이나 사소한 것에 관심이 크다. 공부에 취미가 없지만, 몸이 튼튼한 친구에게는 "너는 어떻게 해서 건강하니? 너처럼 건강하게 태어나는 것이 평생 소원이야!" 하는 식으로 칭찬하면 아이에게 큰 힘이 될 것이다.

프랑스 샹송가수 줄리에트 그레코는 퀭한 눈에 우뚝 선 코를 가진 그저 볼품없는 무명가수에 불과하였다. 그러던 그녀가 자신의 외모에 용기를 갖기 시작한 것은 그녀의 '매력적인 눈'에 관한 어떤 손님의 칭찬 때문이었다고 한다. 어느 날이었다. 샹쥬르망 거리에 있는 한 카페에서 노래를 부르던 그녀는 어느 날 속삭임을 들었다. "저 아가씨의 눈에는 백만 볼트의 전압이 번쩍여!" 그 날 이후 그녀는 자신의 외모에 자신감을 갖게 되었고 속눈썹 화장 외에는 그 어떤 화장도 하지 않았다고 한다.

때로는 말로, 때로는 정성어린 편지나 문자 메시지를 활용하여 상대방을 칭찬해 보라. 비슷한 칭찬이라도 전달방법이 다르면 상대방이 받아들이는 감동도 새롭게 된다. 그리고 칭찬을 할 때 손을 잡아주거나 안아주는 등 스킨십이나 행동을 함께하면 그 효과는 놀랄 정도로 커진다.

칭찬의 효과를 극대화하기 위해서는 꾸준한 연습이 필요하다. 친

척이나 다른 사람들이 모였을 때 공개적으로 상대방에 대한 장점을 이야기하는 것도 하나의 좋은 방법이다. 그렇지만 이런 칭찬은 공개적으로 해도 좋지만, 공개적인 장소에서 단점을 칭찬에 활용하는 것은 금해야 한다. 단점을 칭찬하더라도 반드시 둘만이 있는 조용한 장소에서 하는 것이 더 효과적이다.

인간은 이상한 속성을 가지고 있다. 아무리 무능한 사람일지라도 매일같이 칭찬의 말을 듣는다면 점차 능력이 향상된다. 장점을 칭찬하면 가장 빨리 효과를 볼 수 있는 사람이 바로 아이들이다.

아이들은 칭찬을 먹고 자란다. 요즘 아이들은 칭찬에 굶주리며 살아가고 있다. 맞벌이 부부가 늘면서 아이와 소통하는 시간이 줄고, 칭찬엔 인색하고 지적과 꾸중에 능한 부모 들이 많아진다. 성격이 형성되는 시기인 생후 24~36개월에 꾸중을 많은 들은 아이는 성격적으로 문제가 발생할 확률이 높다. 부정적인 면을 지적하기보다는 긍정적인 사고를 할 수 있도록 칭찬을 많이 해주면 좋은 성격을 형성하는데 도움이 될 것이다. 아울러 부정적인 면, 단점을 칭찬으로 승화시키는 지혜가 필요하다.

남의 장점을 눈여겨보고 칭찬하며 격려할 수 있는 사람은 다른 사람들에게 호감을 살 뿐만 아니라 좋은 평판을 받게 마련이다. 성공의 초석은 다른 사람에 대한 관심이다. 성공해야 한다는 생각에 나 자신에게만 집중하고 이기적으로 삶을 살고 있다면 점점 성공에서 멀어지는 길을 선택하는 것이다. '나는 이렇게 열심히 사는데 왜 빨리 성공하지 못하는 걸까'라는 생각이 들 때, 먼저 자기 주변을 돌아보도록 하자. 가장 가까운 가족, 친구부터 시작해서 한 명 한 명 관심을 기울이고 따뜻한 말 한 마디와 감사의 말을 시작해 보라. 비록 작은 시작이지만 습관으로 이어진다면 당신의 삶 전체를 성공의 가속도로 이끄는 엄청난 위력을 발휘할 것이다.

04

3품을 팔아 인맥을 형성하라

사람은 자연과 사회 속에서 살아간다. 오염되지 않은 자연환경과 건강한 인간관계는 인간의 삶에 필수적인 요소이다. '솔라 풀'이라는 사회학자에 의하면, 사람은 평생 3,500명 정도를 중요하게 알고 지내는 것으로 알려졌다. 우리 인생은 어떤 사람들을 만나느냐에 따라 달라진다. 내가 만나는 3,500명의 사람들이 어떤 사람들인가, 그리고 그들과 내가 맺은 유대는 건강한가에 따라 내 삶의 형식과 내용은 달라질 수 있다.

유유상종이란 말이 있다. 사람은 끼리끼리 만나서 인생을 살아가기 마련이다. 자기를 알려면 자기가 만나는 사람을 보라는 말이 있다. 나는 어떤 면에서든지 내가 만나는 사람들을 닮았다. 내가 좋은 사람이라면 내가 만나는 사람들도 좋은 사람들이기 마련이다. 좋은 인맥을 형성하기 위해서는 나 자신부터 좋은 습관을 가져야 한다. 처음부터 좋은 인맥을 갖게 된다면 좋겠지만 그것이 아니라면 지금부터라도 '3품'을 팔아야 한다.

이른 바 '3품'이라고 하면 발품, 손품, 머리품을 말한다. 인맥은 그냥 만들어지는 것이 아니다. 깊은 관계를 형성하기 위해서는 3품을 팔아야 한다. 인색함은 인맥을 형성하는 데 가장 큰 천적이다. 인색한 사람에게는 절대 사람들이 모여들지 않는다. 최소한 당신이 인맥을 형성하는 데 부족하다면 좋은 사람의 무리에 들어가라. 유유상종의 효과가 바로 나타날 것이다.

좋은 인맥을 형성하기 위해서는 땀을 많이 흘려야 한다. 좋은 인연은 결코 노력 없이 얻어지지 않기 때문이다. 인맥은 운이 좋으면 발견되는 산삼이 아니다. 그보다는 땀과 노력으로 기르는 '인삼'이라는 표현이 더 어울릴 법하다. 홍삼의 원료가 되는 인삼은 6년근을 최고로 치지 않던가. 긴 시간의 노력이 요구된다는 뜻이다.

인내심이 없는 사람에게는 발품을 파는 노력도 사치라고 생각할 수 있다. 많은 현대인들은 조급증과 성급한 성격을 가지고 있다. 그래서 발품을 파는 것이 헛수고가 될 수 있다는 생각을 한다. 하지만 힘들고 어렵더라도 각양각색의 사람들을 많이 만나야 한다.

어느 인맥 연구가의 조사에 따르면 1,000명을 만나면 그 중에서 14명 정도 인맥이 만들어진다고 한다. 인맥을 형성하기가 그만큼 어렵다는 말을 단적으로 표현한 말이다. 좋은 인맥은 만난 사람에 비해 아주 적게 이루어진다. 따라서 넓은 인맥을 형성하려면 보다 많은 사람을 만나야 한다.

손품을 팔면 더 효과적으로 인맥을 형성할 수 있다. 전화, 문자 메시지, 이메일, 편지 등을 활용해 지속적으로 관리하고 접촉하는 것을 잊지 말아야 한다. 손품은 서먹한 사이의 가교로 훌륭하다. 그리고 많은 시간을 들이지 않아도 좋은 관계를 유지하기 위한 효율적인 수단이다. 전자기기 발달은 현대인에게 손품을 팔 수 있는 최적의 기회를 가져다 준 셈이다.

또한 머리품을 팔면 인맥형성에 큰 도움이 된다. 사려 깊은 생각은 어떤 경우든지 유익한 법이다. 좋은 인맥은 어떻게 맺을 수 있는지, 인간관계는 어떻게 되는지, 데이터베이스 관리는 어떻게 하면 좋은지, 커뮤니케이션은 어떻게 해야 하는지 머리를 써야 한다.

사람들을 만날 때 반드시 발품이나 손품을 팔아야 하는 것은 아니다. 상대방의 인맥을 내 인맥으로 만드는 것도 한 방법이 될 수 있다. 인간은 누구나 성공한 사람들과 관계를 맺고 싶어 하는 것이 인지상정이다. 대부분 성공한 사람들은 인맥관리가 잘 되어 있다. 상대의 인맥을 잘 활용한다면 빠른 시일 내에 인맥을 형성할 수 있을 것이다. 그러나 자칫 실수나 무관심, 무성의로 인해 소개로 알게 된 사람에게 피해를 준다거나 실망감을 안겨 준다면 오히려 인맥을 단절시키는 결과를 가져올 수도 있다. 주의가 필요한 대목이다.

인맥을 형성하는 데는 말보다 실천이 더 중요하다. '333, 555, 777'

을 실천하라, 하루에 3번 칭찬하고, 3번 웃고, 3번 참아야 한다는 의미이다. 그리고 일주일에 5명에게 전화하고, 5명에게 문자 메시지를 보내고, 5명에게 이메일을 보내라. 한 달에 7번 점심약속을 하고, 7번 저녁모임에 참석하고, 7명과 새로운 인맥을 만들자.

인맥관리는 소중하지만 긴급하게 느껴지지 않기 때문에 조금만 게으르면 소홀해지기 십상이다. 장부나 메모를 통하여 하루하루 실천사항을 체크한다면 좋은 인맥은 날로 늘어날 것이다. 인맥은 자기와 비슷한 사람들과 관계를 맺는 것이라고는 단정하기 쉽다. 그러나 오히려 자기와 다른 사람들과 맺는 관계야말로 인맥이 낳는 최고의 선물이 된다. 자기와 비슷한 사람들끼리만 관계를 형성한다면 인맥을 넓히는 것이 아니라 일시적인 자기만족을 위한 만남이 될 수 있다. 공자가 화이부동(和而不同), 화목하지만 개성이 다른 사람들의 만남을 인간관계의 롤 모델로 설명한 까닭을 생각해 보자.

05

한 마디의 유머가 인생을 바꾼다

웃기는 사람을 실없는 사람으로 여기던 때가 있었다. 그런 시대는 지났다. 남을 웃기지 못하는 사람이 '실(實)속' 없는 사람이 되었다. 오늘날에는 유머 있고 인간관계를 잘 형성하는 사람이 출세하고 성공한다. 남을 웃기는 사람들은 말솜씨부터 다르다. 개인적인 만남이나 집단적인 모임에서나 재치 있는 유머 한 마디로 분위기를 띄우는 사람은 좋은 인상을 준다.

성공한 사람들은 대부분 유머가 풍부하다. 유머가 풍부한 사람은 사물이나 대상을 바라보는 안목이 항상 긍정적이다. 토크쇼나 개그맨들이 출연하는 프로그램을 보면 피부로 느낄 수 있다. 유머감각이 가장 뛰어난 사람은 바로 개그맨이다. 유능한 개그맨들은 다년간의 경험으로 유머감각이 몸에 배어 있어 사람들을 웃고 울게 하는 능력을 가지고 있다.

유머는 선천적인 능력과 후천적인 노력을 통해 형성된다. 그런데 일반적으로 유머는 타고난 기술보다 피나는 노력으로 만들어진다. 선천적으로 유머감각을 남다르게 타고난 사람도 있지만 그런 사람들도 후천적인 노력이 결합되지 않고는 남에게 즐거움을 줄 수 없다. 웃음은 분위기를 읽는 감각과 상호관계의 질을 높일 수 있는 지적 능력의 산물이기 때문이다.

유머에는 죽는 사람도 살릴 수 있는 강한 힘이 있다. 어느 한겨울이었다. 30대의 한 벤처기업 사장이 사업에 실패해서 한강에 뛰어들어 자살하려 하는데, 지나가던 한 50대 중년신사가 그를 보고 이렇게 말했다.

"이봐 젊은이, 뛰어들려면 여름에 다시 오게. 지금 뛰어들면 얼어 죽어!"

너무나 어이가 없는 말에 그 벤처기업 사장은 그만 피식 웃고 말았고 전의를 상실해버려 자살을 포기하고 말았다. 그 후 그는 그 중년신사의 도움으로 다시 사업을 일으켜 크게 성공했다는 말이 있다. 이처럼 유머는 웃음을 초월하여 생사의 기로를 바꾼다.

유머는 뇌의 회로를 긍정적으로 만든다. 힘겹게 살아온 사람에게도 좋은 추억과 일말의 자신감과 자존감은 있게 마련이다. 어릴 때부터 자주 웃게 되면 이러한 회로가 자동적으로 연결되어 행복신경의 통로를 열어주는 효과가 있다. 우울한 사람도 이 행복 신경의 통로가 열리면 밝은 기분을 지닐 수 있다. 자기 안의 긍정적인 요소를 발견하고 앞으로 나아갈 힘을 얻는다.

유머를 발휘하려면 유머감각이 있어야 한다. 그렇다면 어떻게 유머감각을 키울 수 있을까? 남을 웃기기 위해서는 기본적인 밑천이 필요하다. 밑천이란 머리에 기억하고 있는 다양한 유머나 평소 갈고 닦아 둔 재치 있는 말솜씨이다. 유머러스한 사람이 되기 위해서는 이런 요소들을 두루 갖추어야 한다.

유행하는 유머를 메모하여 보관하거나 기억해 두면 좋다. 유머는 하늘에서 그냥 떨어지는 것이 아니다. 일상 속에서 고정관념을 과감하게 탈피하면 자연스럽게 유머가 만들어진다. 좋은 아이디어는 남들이 상상하지 못한 엉뚱한 것에서 나온다. 독특한 간판, 새로운 광고에서 아이디어를 얻을 수 있다. 요즘은 유머 풍년시대이다. 신문이나 인터넷 유머 사이트에 들어가면 온갖 유머가 다 들어 있다. 평소 재미있는 유머를 기억해 두는 노력이 필요하다. 그래야 각종 모임에서 멋진 유머 한 방을 날릴 수 있다.

아무리 훌륭한 유머도 소유만 하고 있어선 안 된다. 유머를 많이 안다고 해서 항상 재미있게 말하는 것은 아니다. 자신만의 특별한 노하우를 가져야 한다. 연예인에게만 개인기가 필요한 것은 아니다. 주부들도 자신만의 개인기가 있다면 모임이나 사람이 많은 장소에서 한 방 날릴 수 있다. 이때 사용하는 유머가 상대방에 대한 칭찬을 담은 유머라면 더 가치가 있다. 상대방의 관심이 집중되지 않으면 분위기가 서먹해지고 웃음이 나오기 어렵다. 대화의 상대방이 주부라면 아이들 교육이나 남편 이야기를 하고, 직장 상사라면 사회적인 이슈가 되는 이야기를 하는 것이 좋다.

유머는 이제 개인적인 특기를 넘어 점차 사회생활의 성공요소로 자리를 잡아가고 있다. 유명 경영자 627명을 대상으로 설문조사한 결과 'CEO라면 마땅히 즐거움을 주는 엔터테이너가 되어야 한다'는 응답이 89%, '개인기를 연마하기 위해 혼자서 연습을 한 적이 있다'가 49.9%, '회사를 위해서라면 철저히 망가질 수 있다'는 응답도 70.2%에 달했다.

유머는 성공 인생의 동반자다. 유머로 인생을 바꿀 수 있다. 대인관계를 원만하게 만들 수 있다. 잘 웃으면 상대도 함께 웃게 되고, 더 많은 공감대를 형성하게 되어 서로를 끌어당긴다. 이러한 끌림은 인간관계를 성장시킴은 물론 아름다운 인생의 스타트 포인트다.

06

남을 배려하는 마음을 가져라

단테의 신곡 첫 장에는 연옥이 등장한다. 연옥은 천국에 가지 못한 사람들이 자신의 죄를 사함 받고자 정죄를 비는 곳이다. 그들은 허리에 갈대를 묶고 있다. 그들을 천국에 이르지 못하게 한 것은 오만의 죄였다. 그리하여 연옥의 죄인들은 고개를 숙인 갈대를 몸에 지니고 겸손의 미덕을 학습하려 한다는 것이다. 현대인이 음미할 만한 문학적 비유가 돋보인다.

성공한 사람은 겸손하고 친절하다. 인간의 삶은 관계에서 시작하여 관계로 끝난다. 관계의 틀 안에서 인간은 성장과 변화를 거듭한다. 관계의 성패에 따라 행복과 성공의 차이가 발생하기 마련이다. 행복과 성공을 가져오는 열쇠는 미덕이라고 한다. 미덕은 나를 살리고, 우리를 살린다. 미덕은 다름 아닌 배려에서 시작된다.

우리 속담에 '옷깃만 스쳐도 인연'이라는 말이 있다. 이 말은 짧은 만남일지라도 상대방에게 정성을 다하는 모습을 그리고 있다. 한마디로 우리의 전통적인 배려의 문화가 오롯이 담겨 있다. 요즘 세상은 '옷깃만 스쳐도 불신' 혹은 '옷깃만 스쳐도 시비'가 팽배한 세태란다. 그만큼 현대인에게서 배려가 실종된 지 오래되었다.

배려는 한마디로 '남을 도와주거나 보살피려고 마음을 쓰는 것'이다. 배려는 억지로 하는 것이 아니라 생활화된 자세에서 나온다. 그래서 배려는 습득된 것이어야 하고, 인격으로 보이는 어떤 태도여야 한다.

현대인은 자기를 이롭게 하는 풍조에 익숙해 있다. 이기주의, 지역주의 문화가 곳곳에 숨어 있다. 어떻게 보면 배려에는 '남을 이롭게 함은 곧 자기를 이롭게 함과 같다'는 의미가 있다. 상대방에 대한 호의를 가져오는 것도 나에게서 비롯한 것이고, 즐거움이라든가 행복도 나에게서 비롯되는 것이다.

남을 생각하고, 남을 칭찬해 줄 수 있는 마음은 인격자가 갖추어야 할 미덕 중의 하나다. 남을 생각하고 상대방을 배려한다는 것은 그리 쉬운 일이 아니다. 우리는 고슴도치의 사랑 이야기에서 역설적이지만 배려하는 마음의 중요성을 알 수 있다.

어느 동물 왕국에서 앞뒷집에 사는 총각 고슴도치와 처녀 고슴도치가 서로 사랑하게 되었다. 어느 날 어두운 밤중에 두 고슴도치는 남몰래 만나 서로 사랑을 고백하고 결혼해서 함께 살기로 굳게 약속을 했다. 이 젊은 한 쌍의 고슴도치는 밤새도록 키스도 하고 사랑을 나누었다. 그들은 너무나 흥분한 나머지 상대방 고슴도치의 몸에 나있는 침에 찔려 상처가 나는 것도 몰랐다.

두 고슴도치는 서로 헤어져 집에 돌아와서야 온몸에 상처가 나있는 것을 발견하게 되었고, 그제야 여기저기 아프기 시작했다. 총각 고슴도치도 화가 났고, 처녀 고슴도치도 화가 났다. 두 고슴도치는 모두 자신을 부드럽게 다루지 못하고 몸에 상처를 입히는 상대와는 함께 살 수 없다는 결심을 했다. 그 후로 다시는 만나지 않았다.

우화에 불과하지만, 고슴도치 사랑이 우리에게 주는 교훈은 크다. 공자는 내가 하기 싫은 일을 남에게 강요하지 말라고 갈파했다. 나의 입장만 생각하고 행동한 후 나타난 결과를 두고도 자신의 아집을 버리지 못하는 고슴도치의 모습은 오늘을 살아가는 우리의 모습이 아닐까. 배려란 일방적이지 않고 상호적인 마음 씀씀이다. 배려는 마음에서부터 출발한다.

서양에는 황금률이라는 말이 있다. "다른 사람이 네게 해 주기를 바라는 대로 너도 다른 이에게 행하라" 이 말은 한마디로 배려의 본질을 보여주고 있다. 어찌 보면 황금률은 이기적인 원칙처럼 보이지만, 잘 음미해 보면 성공의 시발점이 될 수 있다. 내가 싫으면 상대방도 싫을 수 있다는 원리이다. 이것이 황금률의 기본이다. 우리 모두는 성공의 황금률을 새기자.

07

일정한 화법으로 대화하라

성공한 사람이나 칭찬을 잘하는 사람들에게는 공통점이 있다. 그것은 다름 아닌 대화를 잘 한다는 것이다. 그들의 대화에는 특별한 것이 있다. 대화 도중 자기만의 특유의 제스처를 이용하여 주의를 집중시키기도 하고, 풍부한 감정 표현으로 상대방의 주목을 받는다.

대화를 잘하는 사람을 보면 다른 사람들에게 없는 무언가가 있다. 대화의 달인들은 상대방의 눈높이에 맞춰 기막히게 화제를 잘 이끈다. 분위기를 잘 만드는 사람은 단순히 이야기를 잘하는 것에만 의존하지 않는다. 상대방의 눈높이에 맞춰 화제를 이끌어내고 거기에 맞는 대화를 해서 자기만의 스타일로 끌고 나가는 것이다.

대화를 할 때도 일정한 원칙이 있다. 노하우가 있다는 것이다. 123화법을 시도해 보라. 123화법이란 자기가 하고 싶은 말은 1분만 하고, 2분 동안 상대방의 말을 들어주고, 그리고 상대방의 말에 3분 동안 맞장구쳐 주는 방법을 말한다. 곧 자신의 의사를 정확히 전달하는 것도 중요하지만 남의 말을 잘 들어주는 것이 우선임을 강조한 말이다.

역지사지(易地思之)다. 대화를 할 때는 상대방의 입장에서 생각하는 자세가 선행되어야 한다. 상대가 누구든 이해하고 다가서려는 마음과 자세가 필요하다. 소통은 오고가는 것이다. 상대방의 입장에서 있어야 내가 한 말이 전달되었는지 알 수 있고, 내가 상대방의 말을 이해했는지를 잘 알 수 있다. 그래서 상대방의 의견을 존중하고 수용하려는 태도를 보여주려고 노력하는 것이 중요하다.

상대방의 말이 마음에 들지 않거나 받아들일 수 없는 것이라 할지라도 딴청을 부린다거나 비아냥거리는 것은 바람직하지 않다. 그렇다고 상대방에게 마음에 없는 행동을 하라는 말은 절대 아니다. 지난해부터 미국에서는 경기침체로 기업의 구조조정 바람이 거세지자 '칭찬족'이 급증하고 있다. 상사에게 도전하지 않고 무조건 칭찬을 늘어놓는 직장인이 64%나 늘었다는 것이다.

칭찬과 달리 아부는 부정적인 의미가 강하다. 좋은 점이나 잘하는 행동을 높이 평가하는 것이 칭찬이라면, 아부는 남의 환심을 사기 위해 비위를 맞추고 알랑거리는 것을 말한다. 그렇지만 때로는 아부도 훌륭한 칭찬의 기술이 될 수 있다. 윗사람이건 아랫사람이건 칭찬을 듣기 싫어하는 사람은 없을 것이다.

어떤 사람은 "아부는 상대적 약자가 강자에게 보내는 칭찬"이라고 했다. "아부의 핵심은 남을 만날 때 나누는 진심을 담은 칭찬과 인사"라며 굳이 칭찬과 구분할 필요가 없다고 주장하는 사람도 있다. 또 〈아부의 기술〉이란 책을 펴낸 미국의 리처드 스텐걸은 "특별한 목적을 추구하는 수단으로서의 칭찬"이라고 아부에 대한 이미지를 긍정적으로 정의했다.

공자는 화(和)를 귀하게 하기 위하여 예(禮)가 필요하다고 역설했다. 남과 대화를 할 때에도 대화예절을 잘 지켜야 한다. 상황과 여건, 그리고 분위기에 따라 대화를 하여야 한다. 대화를 할 때는 불필요한 험담보다는 상대방의 의견을 존중하고 바람직한 방향으로 분위기를 만들어야 한다. 그래야 상대방에 대한 진정한 칭찬을 할 수 있다.

Honest is the best policy(정직은 최선의 방책이다)라는 서양 속담을 상기하자. 대화를 잘하는 사람은 허세를 부리지 않고 자신을 솔직하게 드러내 보인다. 솔직한 모습을 보여주는 것이 상대방을 설득하고 행동하게 만드는 기술이다. 듣기만 좋은 달변보다는 진실한 조언이 담겨 있는 말이 더 감동을 준다.

말을 잘하는 사람은 남의 말을 잘 듣는 사람이다. 인간성이나 평판이 좋은 사람들은 대개 말 수가 적고, 상대편보다 나중에 이야기한다. 또 다른 사람의 말에 귀 기울인다. 사람은 자신을 칭찬하는 사람을 칭찬하고 싶어지는 것이 인지상정이다. 칭찬받고 싶으면 먼저 칭찬해야 한다. 그 전에 먼저 상대방의 이야기에 주목하고 귀를 열어야 한다.

얼마 전 일본에서는 부모의 칭찬이 육아에 미치는 영향을 조사한 결과를 발표하였다. 400여 가구를 대상으로 부모와 생후 4개월 된 아이를 3년 이상 추적 조사한 결과, 부모가 자주 칭찬한 아이의 사회적응능력이 그렇지 않은 아이에 비해 2배 이상 높았다고 한다.

교육심리학에서는 칭찬의 효과를 피그말리온 효과로 설명하고 있다. 칭찬하면 할수록 더 잘하는 동기를 제공한다는 것이 이론의 핵심이다. 칭찬은 우리가 배워야 할 고도의 기술임에 틀림이 없다. 아부면 어떠랴, 상대방에 대한 진정한 호감만 가지고 있다면 말이다.

08

뇌가 즐거워야 성공이 보인다

우리 뇌는 각 부분마다 언어나 행동, 감정과 기억 등을 담당하는 부분들이 따로 존재한다. 그 비밀은 50가지가 넘는 신경전달물질을 통해 활성화된다고 한다. 그것은 100억 개가 넘는 사람의 뉴런을 각각의 감정과 행동 신호에 맞게 춤추게 하는 신경전달물질 때문이다.

인간의 감정을 조절하고 행복을 느끼게 해주는 세로토닌에 있다. 그래서 세로토닌을 기적의 호르몬이라고 부르기도 한다. 세로토닌은 엔도르핀이나 노르아드레날린 등과 같은 신경전달물질로 호르몬의 일종이다. 이 물질은 우리 두뇌와 위장기관에서 기분과 소화 작용을 통제하고 조절하는 역할을 한다.

세로토닌은 우리 두뇌에서 자연스럽게 만들어지는 물질이다. 엔도르핀이라는 말은 익숙하게 들리지만 세로토닌이라는 말은 어딘지 모르게 낯선 이름이다. 세로토닌은 엔도르핀과 같이 기쁠 때나 즐거울 때, 그리고 운동할 때 몸속에서 자동적으로 생성된다.

세로토닌은 어느 특정 때가 아닌 평소에 꾸준히 뇌에서 나와 몸을 원활하게 하는 물질이다. 이 물질은 적당히 있어야 잠도 개운하게 잘 수 있고, 식욕도 좋아진다. 세로토닌이 적당하게 생성되어야 의욕이 생기고 매사에 능동적으로 활동할 수 있다. 칭찬의 힘도 세로토닌에서 나오고 만들어진다.

세로토닌의 비밀은 어디에 있는가? 세로토닌은 우리의 기분이나 식욕, 수면, 또는 통증의 강도를 조절해준다. 자연의 화학물질이며, 몸의 균형과 조화를 추구하는 신체의 조정물질이다. 이 물질은 우리가 섭취하는 음식물의 특수 영양소, 즉 단백질 아미노산인 트립토판으로부터 우리의 두뇌와 신경조직에서 생성된다.

세로토닌은 사람의 감정에 따라 움직인다. 그리고 감정은 뇌에 따라 변하게 된다. 세로토닌을 활성화시키기 위해서는 긍정적인 마인드가 절대적으로 필요하다. 가장 단순하고 즐거운 목표를 세워야 한다. 그리고 즐거운 생활을 영위하기 위해서는 노력을 해야 한다.

또 건강하고 좋은 음식이 기분을 좋게 한다. 세로토닌 생성을 돕고 자신의 기분을 안정되게 유지할 수 있는 식단을 세워야 한다. 이때 중요한 기준은 단백질과 탄수화물의 비율이다. 식사가 자신의 기분에 미치는 영향력을 먼저 이해해야 한다. 그래서 자신이 가장 즐겁고 편안한 기분이 될 수 있는 건강한 음식들을 선택한다.

사람의 기분이나 소화관을 조절하는 세로토닌 기능에 이상이 생기면 우울한 증상이 생긴다. 정신적, 신체적 질환과 장애가 일어난다. 우울증환자나 자살자, 성범죄자들의 두뇌 세로토닌 수준을 조사하면 모두 비정상적으로 낮은 것으로 나타난다. 현대인의 만병의 근원이라고 할 스트레스는 다름 아닌 세로토닌 결핍 때문에 온다는 것이 의학전문가들의 공통적인 견해다.

즐거운 마음으로 일을 하면 스트레스를 줄일 수 있다. 피할 수 없다면 즐기라는 말이 있다. 일할 때마다 스트레스가 쌓인다면 능률이 오르지 않고, 결과물도 좋지 않을 것이다. 심지어 일하고도 욕먹는다는 경우가 생기는 것이다. 지금 하고 있는 일에 최선을 다하고 긍정적인 마인드로 일하는 즐거움을 찾아라. 그 시간들이 지나면 일에 능률이 오르며 성취감과 성공이 따라온다. 물론 자신이 좋아하는 일만 하며 평생을 살아갈 수는 없는 일이다. 삶은 희비의 쌍곡선이다. 때로는 힘들고 어려운 난관에 부딪쳐야 한다. 어느 정도의 스트레스는 필요하지만 이러한 스트레스가 장기화되고 또 자신이 원하던 것들이 좌절되는 욕구불만이 자꾸 쌓여지면 세로토닌은 계속 똑같이 생성되지만 더 빨리 사라지게 된다. 세로토닌이 부족하면 사람은 우울해지기 시작한다.

일본의 소설가 무라까미 하루끼는 말했다. 인간은 누구나 난관에 부딪치고 때로는 실패한다고. 그러나 그 난관을 대하는 자세는 내면의 성숙도에 따라 차이가 난다고. 힘들고 어려워도 즐거운 마음으로 일을 하는 것은 어렵지만 성숙한 인간만이 보여줄 수 있는 삶의 경지다. 어느 정도의 스트레스는 피할 수 없고 또 필요하기도 하지만 이러한 스트레스가 장기화되고 또 자신이 원하던 것들이 좌절되는 욕구불만이 자꾸 쌓이면 곤란하다. 세로토닌은 모든 사람들에게 계속 똑같이 생성되지만 더 부정적인 마인드를 가진 사람의 세로토닌은 빠른 속도로 사라지게 된다. 세로토닌이 부족하면 사람은 더 우울해지기 마련이다.

미국의 신경과학자 다니엘 에이멘 박사도 좋은 기분이 들거나 경쾌한 음악을 들으면 대상회와 좌뇌 간 신경질, 소뇌의 뇌혈류가 원활하게 흐른다고 주장했다. 이로 인해 삶에 의욕이 생기고 더불어 몸에 에너지원이 공급된다.

특히 사소한 일에 스트레스를 잘 받는 사람은 뇌 기능이 원활하지 않을 뿐만 아니라, 제때에 해소하지 못한 스트레스가 쌓여 기억력을 담당하는 해마에 손상을 입을 위험성이 커진다. 이런 해악을 피하기 위하여 스트레스를 많이 받는 사람들은 음악을 듣거나 자신만을 시간을 갖는 것이다.

현대인들은 많은 스트레스에 시달리며 살아간다. 사람은 약 1천억 개의 뇌세포를 가지고 태어난다. 자신도 모르는 사이에 하루 동안에도 많은 뇌세포가 죽어간다. 스트레스를 덜 받게 하는 것은 세로토닌 분비를 촉진시킨다는 말과도 같다. 스트레스는 뇌세포의 재생력에 악영향을 미친다. 결과적으로 스트레스는 뇌의 노화를 촉진시키는 촉매제 역할을 한다.

뇌는 마음가짐에 따라 좌우될 수 있다. 긍정적인 마인드로 뇌를 즐겁게 하면 안 되던 일도 술술 풀리지만 스트레스로 꽉 막힌 뇌는 잘 되던 일도 안 되게 만든다. 아이들이 즐겁게 놀이를 하는 것처럼, 일도 즐거운 놀이가 될 수 있게 긍정적인 사고를 연습하자. 즐거운 뇌가 세로토닌을 생성하며 성공하는 삶의 선순환을 만들어 줄 것이다.

09

전두엽이 성공의 열쇠다

중세의 화학자들은 화학물질을 조합하여 금을 만들려는 시도를 했다. 이른바 '연금술'이라 알려진 이 기술은 결국 실패했으나 무의미한 시도로 끝난 것만은 아니다. 연금술을 시험하는 과정에서 화학기술이 비약적으로 발전한 것이다. 이는 결국 인류 문명의 진보에 기여했다.

약물로써 뇌기능을 촉진시키고자 하는 이른바 '두뇌 연금술'도 이렇다 할 성과는 없다. 즉 지금까지 머리가 좋아지는 약은 없는 것으로 알려졌다. 그러나 '두뇌 연금술'의 실패가 가져다준 부산물은 있다. 지능지수라고 하는 IQ를 억지로 높이려고 노력할 필요가 없다는 점이다. 대신 주어진 뇌기능을 어떻게 활용하느냐가 관건으로 대두된다. 사람의 뇌세포는 일생동안 모두 사용한다 하여도 10분의 1도 활용하지 못한다. 문제는 전두엽을 어떻게 활용하느냐에 달려 있다.

머리가 좋아지기 위해서는 '약'의 힘을 빌 것이 아니라 끊임없이 '뇌'를 자극해야 한다. 전두엽은 성공의 열쇠라는 말이 있다. 전두엽을 활용하면 할수록 바깥쪽 전두엽이 활성화되어 행동으로 연결된다. 뇌과학자들은 뇌도 훈련하면 근육처럼 볼륨이 커지고, 얼마든지 뇌기능도 발달한다고 주장한다.

오래 전부터 과학자들은 어떤 경험이 잘 기억되느냐, 쉽게 잊어버리느냐는 그 경험이 뇌에 들어와 각인되는 정도에 달린 것으로 생각해왔다. 이때 무엇보다 중요한 것은 습관이다. 그러기 위해서는 평소 전두엽을 자극하여 기억하고 이를 실행하는 습관을 기르는 노력이 무엇보다 필요하다.

하버드 대학의 와그너 박사가 이끄는 연구팀은 실험 대상자를 자기공명 영상장치에 연결된 상태에서 2초마다 단어 하나씩을 스크린에 비춰주면서 처음에는 대문자인지 소문자인지를 묻고, 이어 구체적인 뜻이 있는 단어인지 추상적인 단어인지를 묻는 방식으로 기억력을 테스트했다.

연구팀은 이들에게 가장 잘 기억하는 단어와 기억이 희미한 단어, 기억나지 않는 단어가 무엇인지를 묻고, 이를 MRI를 통해 관찰한 뇌 활동과 비교했다. 그 결과 전두엽 앞부분과 해마피질 부위가 작동되는 시간이 긴 단어일수록 잘 기억되는 것을 알았다. 짧은 단어일수록 잘 잊어버리게 된다는 사실도 밝혀냈다.

전두엽은 대뇌의 앞부분에 위치한 뇌의 일부로 사고, 의욕, 감정, 성격, 이성 등을 담당한다. 나이가 들면 들수록 이러한 기능이 차츰 떨어지기 시작한다. 기쁠 때 웃고, 슬플 때 울고, 기분이 나쁘면 화를 내고 싸우는 등 감정표현을 하는 것은 뇌의 변연계에서 담당한다.

전두엽은 그보다 좀더 섬세한 감정이나 감정에 바탕을 둔 수준 높은 판단을 담당하는 이른바 감정의 사령탑 역할을 한다. 문제 해결력, 판단력이나 미래 예측력 등 고차원적인 사고도 여기서 담당한다. 예를 들어 영화나 드라마를 보거나 소설을 읽고 감동하거나 거기에서 촉발된 감정적 행동이나 칭찬의 힘을 일으키는 것이 전두엽의 활동인 것이다.

전두엽의 노화는 빠르면 40~50대부터 시작된다. 전두엽이 노화되어 기능이 떨어지면 자발성이나 의욕이 떨어진다. 다시 말해 노화 예방에 흥미를 보이지 않거나 외모에 관심을 가지지 않는다면 전두엽의 노화는 자신도 모르게 급속하게 진행될 것이다.

할아버지가 향수를 뿌리면 전두엽이 젊어진다는 말까지 있다. 설득력이 있는 말이다. '감정노화'는 '암'보다 더 무섭다는 뜻이다. 최근 의학기술의 발달로 어떤 암도 조기에 발견만 하면 완치가 가능하다. 하지만 감정노화는 영원히 치료가 불가능하다. 그래서 평상시 전두엽을 자극하여 생활에 활력을 찾아야 한다는 말이 설득력을 얻는다.

미주신경을 자극하면 기억력이 높아진다는 연구결과도 나왔다. 미국 서던 일리노이대학 심리학교수인 로버트 젠슨 박사는 〈네이처뉴러사이언스〉에 발표한 연구보고서에서 사람들이 일상적인 일은 잘 기억하지 못하면서 결혼, 죽음, 모욕과 같이 감정을 크게 움직이는 사건이나 행동 등은 잘 기억하는 이유가 바로 부교감 신경계인 미주신경 덕분이라고 밝혔다.

'요즘 먹고 살기 급급한데 무슨 배부른 소리냐'고 반문할지 모르지만, 일상에서 익숙했던 것들과 잠시 결별하고 새로운 체험으로 변화된 생활을 하는 것도 생에 활력을 찾는 좋은 기회가 될 것이다. 전두엽을 자극하는 것은 성공을 부르는 첫 번째 전략이 될 수 있다.

10
영향력 있는 사람이 되어라

현대인에게 건강 못지않게 중요한 것은 명예다. 명예는 자신이 사람들에게 어떤 영향을 미치는가를 의미하는 것으로 지식인들은 명예를 황금보다 더 중요하게 여긴다. 돈을 얻었다면 명예를 얻으려 하고, 명예를 얻었다면 권력을 얻으려고 하는 것이 요즘 사람들의 성미일 것이다.

뭐니 뭐니 해도 영향력이 있는 사람은 무엇인가 다르다. 영향력이 있는 사람 주변에는 많은 사람들이 모인다. 평범한 사람보다 인맥관리 방법이라든가, 성공의 노하우가 다르기 때문이다.

영향력이 있는 사람이 되기 위해서는 사람을 끌 수 있는 힘, 즉 매력이 있어야 한다. 매력은 마력이라고 바꿔 쓸 수 있을 정도로 필요한 요소가 된다. 어떤 마술과 같은 힘이야말로 영향력의 첫 단추일

테니까 말이다. 매력은 인간관계를 승화시켜 줄 뿐만 아니라 인생을 살아가면서 어느 것과도 바꿀 수 없는 중요한 자산이 된다. 매력은 또 하나의 영향력을 키우는 힘이 될 것이다.

주변 사람들로부터 영향력이 있는 사람이 되기 위해서는 더 많은 노력이 필요하다. 내 편으로 만들었다면 일단 영향력 있는 사람으로 자리매김했다고 할 수 있다. 여기에 멈추지 않고 인맥을 확장하여야 한다. 인맥에는 '배증의 법칙'이 적용된다. 1명과 관계를 맺으면 2명이 아니면 그 이상의 사람들과의 관계를 맺게 되어 어느 순간에는 폭발적인 관계망을 유지하는 법칙을 말한다.

어떻게 하면 상대방을 내 편으로 만들 수 있나? 영향력이 있는 사람이 되려면 어떻게 해야 할까? 정답은 생각보다 간단하다. 영향력이 있는 사람을 찾는 것이다. 대인관계를 좋게 한다고 아무나 사귀어선 전혀 도움이 되지 않는다. 다방면의 사람과 만나서 인맥을 형성하는 것이 더 효과적인 방법이 될 수 있다.

엘빈 토플러도 다양한 환경에서 성장한 친구를 사귈 것을 강조하였다. 인맥은 본인의 관점에 따라야겠지만 그러더라도 자신의 좁은 시야에서 벗어나 다방면의 사람들과 사귀는 것이 손해 볼 일은 아니다.

'삼고초려'는 고사 성어를 생각해보자. 삼국시대, 촉한의 유비는 난양에 은거하고 있던 제갈량의 초옥으로 세 번이나 찾아갔다. 그는 제갈량이라는 둘도 없는 동지를 두었다. 유비는 제갈량을 자기편으로 만든 것이 된다. 유비는 당대에 영향력이라면 1위였을 제갈량을 통해 영향력 있는 사람이 된 것이다.

왜 제갈량은 유비를 받아들였을까? 이는 유비가 보여준 모습에서 암시를 얻을 수 있다. 유비는 제갈량을 내 편으로 만들기 위해서 많은 노력과 끈기, 그리고 인품과 인간적 매력을 보였다. 이러한 노력은 영향력 있는 사람이 되고자 하는 사람이 갖고 있어야 할 공통적인 자산이다. 복잡하게 생각할 필요가 없이 상대방을 존중하고 공감할 줄 아는 능력이 상대방을 내 편으로 만들기 위한 방법이다.

본인이 알고 있는 사람은 지식이나 모든 것이 한정되어 있지만, 영향력이 있는 사람은 평범한 사람보다 인맥관리 방법이라든가, 성공의 노하우가 다르다. 이렇게 보면 인맥은 자신과 동등하거나 영향력이 있는 사람을 향하고 있다. 유비가 왜 제갈량을 자기편으로 만들려고 했을까. 그는 영향력이 있는 사람으로서 그의 전략이 백전백승을 가져올 거라고 믿었기 때문이다.

동일한 취미를 갖고 있거나 뜻이 같은 사람들이 모이는 동호회 등을 통하여 색다른 사람들과 만나는 것도 인간관계를 넓힐 수 있는 최적의 공간이 된다. 미래 사회는 능력만으로 원만한 대인관계를 형성할 수 없다. 그의 내면과 외면에서 풍기는 인간적인 매력이 있어야 한다. 능력은 일의 성취와 관련되지만 매력은 일의 진전을 의미한다.

영향력과 매력 모두 있다면 좋겠지만 둘 중의 어느 하나를 고르라면 영향력이 성공의 길로 가는 필수적인 요소가 된다. 또한 영향력은 능력을 포괄하는 것이니 만큼 영향력 있는 사람이라면 능력 있는 사람일 가능성이 높다. 그리고 폭넓게 인맥을 형성하는 사람들의 공통점은 어느 누구와도 친구가 될 수 있는 좋은 성격의 소유자임을 알 수 있다. 훌륭한 성격은 바로 폭넓은 인맥을 형성하는 데 기초가 될 것이다.

제5부

칭찬기술을 알면 성공이 보인다

01

자기효능감을 높여라

칭찬을 통하여 얼마든지 자기효능감을 높일 수 있다. 자기효능감이란 심리학자인 앨버트 반두라가 제시한 개념으로, 어떤 과제에 대하여 성공적으로 조직하고 실행하는 자신의 능력을 지각하는 특성을 말한다. 자기효능감은 어떤 목표수준에서 과제를 수행하거나 학습하는데 필요한 어떤 행동을 성공적으로 수행할 수 있는지에 대한 자신의 능력에 대한 자신감을 의미하기도 한다.

자기효능감이 높은 사람은 학업성취도뿐만 아니라 학습과제에 투입하는 노력 및 지속성까지 영향을 미치고 자신이 가지고 있는 능력 이상의 성취를 할 수 있다. 따라서 자기효능감은 칭찬을 실천하는데 매우 중요한 척도가 된다.

자기효능감은 사회적 기능에 영향을 미치는 개인의 사고와 심상을 포함하며, 개인의 노력 여하에 따라 강도가 결정된다. 높은 자기효능감을 가진 사람은 수행을 긍정적으로 이끌어가는 과정을 시각화하고 문제에 대한 해결방안을 인지적으로 제시한다.

자신감과 자기효능감은 엄밀히 따져보면 미묘한 차이점을 발견할 수 있다. 아이들에게 '나는 뭐든지 잘할 수 있다', '나는 성공할 수 있다', '이번에도 잘 해낼 수 있을 것이다'라는 막연한 자신감보다는 '나는 무엇을 어떠한 이유로 잘할 수 있을 것이다'라는 명확하고 구체적인 자기효능감이 필요하다.

칭찬은 아이에게 긍정적인 자아개념과 높은 자기효능감을 갖게 한다. 예를 들어, '똑똑하다', '멋지다', '대단하다', '최고다' 등의 단어를 활용하여 칭찬을 해주면 아이에게 더 큰 자신감을 줄 수 있다.

자기효능감은 직업 선택과도 밀접한 관련이 있다. Bets와 Hackett은 직업 선택에 있어 구조적이거나 사회적인 영향이 있다 할지라도, 자기효능감이 이러한 외부적 영향의 중요한 중재자이며, 직업 선택에 직접적인 영향을 주고 있다는 점도 밝혀냈다.

또한 자기효능감은 노력과 과제 지속력과 매우 밀접하게 관련이 있다. 높은 자기효능감에 대한 믿음을 가진 개인들은 어려움에 직면했을 때 더 많은 노력을 기울이고, 그들이 요구되는 기술을 가지고 있을 때 과제에 더 끈기 있게 매달린다. 자기효능감은 자기 자신의 역량에 대한 개인의 판단 기준의 척도가 된다.

그렇다면 자기효능감을 높이기 위해서 무엇을 해야 할까? 자기효능감이 결정되는 경로에 관한 것은 반두라의 이론에서 그 힌트를 얻을 수 있다. 자기효능감은 한 개인의 능력의 지표라고 여겨지는 과거의 성취경험과 타인과의 비교를 통한 자신이 지닌 신념을 변화시키는 대리경험, 신체적 및 정서적 상태 그리고 사회적 영향력으로부터 비롯된다고 한다.

자기효능감은 작은 성취나 성공을 이루기 위한 기초적인 목표가 된다. 성취하기 쉽고, 미래지향적인 사고나 성공한 것을 확인할 수 있는 단기목표를 설정하여 그것을 수행해 냄으로써 성공감이나 성취감을 맛보는 경험에서 시작된다. 작은 성취나 성공이 쌓여갈수록 자기효능감이 증가하게 된다.

자기효능감을 높이기 위해서는 매사에 긍정적이고 안정된 정서를 유지하도록 할 필요가 있다. 어떤 일을 잘 수행하지 못했을 때에도 불안이나 자괴감을 느끼지 않고 여유롭게 바라볼 수 있는 정서의 상태를 평소에 유지하도록 하는 의식적인 노력이 중요하다. 그러한 정서는 결국 사고의 유형과 관계되므로 낙천적이고 긍정적인 사고를 가질 필요성이 요구된다.

다른 사람과 비교하지 말고, 다른 사람이 자신을 어떻게 생각하는지 신경 쓰지 않고 자신이 하는 일에 최선을 다하는 것도 하나의 좋은 방법이 될 수 있다. 결코 그리 쉬운 일은 아니다. 그렇다고 모든 것을 포기하라는 말은 아니다. 정신적으로 자신감이 있어야 남을 칭찬할 수 있다는 말로 해석된다.

자기효능감이 높은 사람은 아무리 어려운 상황에 처했을지라도 무엇이든 해결할 수 있다는 긍정적인 사고 때문에 자신이 가진 능력이나 기술을 생산적으로 활용할 수 있다. 어떤 과제를 수행할 때 즐거운 마음으로 편안하게 임하기 때문에 평가에 대한 스트레스를 줄일 수 있고 필요한 능력이나 기술을 탄력적으로 활용할 수 있어서 좋다.

인간은 누구나 마음이 안정되고 편안해질 때 상대방에 대한 관심을 가질 수 있는 여유가 생기기 마련이다. 긍정적인 마음을 가질 때 자기효능감을 얼마든지 높일 수 있다. 많은 연구에서 자기효능감을 높이는 데 칭찬이 큰 역할을 하고 있다는 결과를 내놓았다. 진심이 담긴 칭찬은 자기효능감을 높이는 어떤 능력이나 기술보다도 더 강한 힘을 발휘할 수 있다는 것을 알아야 한다.

02

칭찬 연습을 자주 하라

칭찬은 사람의 행동을 긍정적으로 변화할 수 있는 가장 좋은 방법이다. 어른도 칭찬을 받으면 어깨가 으쓱해지면서 일할 맛이 솟구친다. 누구나 칭찬이 좋은 줄은 알면서도 칭찬하는 데는 익숙하지 못하다.

성공한 사람들을 보면 무언가 다르다. 부정적인 사고보다는 긍정적인 생각을 많이 한다. 이들은 타인에 비해 비판보다 칭찬을 더 잘하는 편이다. 칭찬은 여유를 가진 사람만이 누릴 수 있는 고유한 특권이다. 칭찬이 반드시 대단한 업적을 냈을 때만 사용한다는 생각은 잘못된 생각이다. 칭찬은 때와 장소에 제한받지 않고 할 수 있는 무엇보다 하늘이 인간에게 준 가장 소중한 선물이다.

칭찬하는 방법에는 여러 가지가 있다. 미소와 얼굴표정이나 소지

품이나 옷차림새, 말투와 목소리 등은 미녀, 추녀를 가리지 않고 적용될 수 있는 칭찬품목이다. 이보다 더 효과적인 칭찬은 그 사람의 행동이나 천성에 대하여 칭찬하는 것이다.

"넌 정말 잘 생겼구나, 어쩜 눈이 동그랗고 예쁘니?", "넌 참 머리가 좋구나, 시험 볼 때마다 만점 맞고, 넌 정말 예의바른 남자야."와 같이 구체적으로 칭찬하면 그 진가는 더 강한 빛을 발할 것이다.

아이들의 존재 가치에 대해 칭찬하는 것도 중요하다. 이는 아이가 어떤 존재인지에 대한 외부의 평가가 된다. 이 평가가 긍정적인 것이라면 아이들이 자신에 대해 높은 자존감을 형성하는 계기가 된다.

이런 칭찬이 간혹 조심스러울 때도 있다. 아이들이 칭찬을 통해 높은 자존감과 더불어 자신의 인생을 풍요롭게 하기 위해서는 노력도 함께 병행해야 기대효과를 한층 높일 수 있기 때문이다. 타고난 능력만 믿고 노력을 하지 않으면 낭패를 당할 수도 있는 일이다.

때로는 은근한 칭찬이 더 효과적일 때도 있다. 남편이 집에서 어떤 물건을 찾을 때 아이들이 듣고 있을 때 이렇게 말하는 것도 큰 도움이 된다. "우리 집에서는 영수가 물건 찾는 데는 박사죠." 이 말을 통해 물건을 제자리에 잘 정리해 두어야 찾기가 쉽다는 점을 상기시켜 주는 것과 동시에 아이가 정리정돈을 잘하고, 또 물건 둔 자리를 잘 기억한다는 점을 칭찬해 주는 것이다.

보통 엄마들은 잘못된 일에 대해서는 큰소리로 야단을 치면서 잘한 일에 대해서는 당연히 해야 할 일을 했다는 생각에 칭찬을 하지 않는 경우가 종종 있다. 이것은 좋지 않은 교육방법이 될 수 있다. 잘한 일에 더 많은 에너지를 쏟아 부어야 한다. 잘한 행동에 대해서는 아낌없이 칭찬을 통해 관심과 사랑을 보여주어야 하는 것이 부모의 몫이다.

이런 칭찬이 때로는 조심스러워야 할 때도 있다. 아이들이 칭찬을 통해 높은 자존감을 형성할 수 있지만, 아이의 능력만 지나치게 칭찬하면 노력을 하지 않게 될 수 있다. 자신의 인생을 풍요롭게 하기 위해서는 노력도 함께 병행해야 기대효과를 한층 높일 수 있기 때문이다. 타고난 능력만 믿고 노력을 하지 않으면 낭패를 당할 수도 있는 일이다. 잘못된 행동에 대해서는 따끔하게 한 마디로 충고해 주는 지혜가 필요하다.

칭찬과 더불어 뗄 수 없는 것이 잘한 행동에 대한 보상이다. 칭찬의 대가로 보상을 할 때도 조심할 점이 있다. 아이가 당연히 해야 할 일을 했을 때는 결코 보상을 해주어서는 절대 안 된다. 특히 밥을 잘 먹는다든지, 물건을 잘 정리하는 일들은 아이가 스스로 해야 할 일이기 때문이다.

사람들은 칭찬 받기를 원하면서도 정작 남을 칭찬하는 데는 망설이게 된다. 많은 사람들은 "칭찬할 게 있어야 칭찬하죠."라고 꺼리는 사람들도 많다. 하지만 남을 칭찬거리를 만들어 칭찬하는 연습을 자주하면 하루하루가 즐거운 삶을 살 수 있을 것이다.

누구나 인정받고 살아가기를 원한다. 어느 조사에서도 회사 직원을 상대로 '직장 상사로부터 가장 듣고 싶은 말이 무엇인가'에 대한 설문조사 결과가 나왔다. '수고했어, 정말 잘 했어'(39%)가 1위였고, 2위가 '정말 잘 했어'(36%)로 나왔으며, 3위는 '자네가 한 일이니 틀림없겠지'(25%)로 나타났다.

우리는 살아가면서 끊임없이 칭찬하는 연습을 해야 한다. 칭찬을 통하여 긍정적인 사고를 할 수 있다. 칭찬은 희망과 의욕을 높여주고 자존감을 갖게 하고 불가능도 가능하게 만드는 위대한 힘을 가지고 있다. 특히 자녀에게 주는 칭찬은 더 힘을 발휘한다. 칭찬은 어느 누구에게나 값진 선물과도 같다.

03

가끔 나를 칭찬하라

우리는 사랑이라는 매개체를 통해 남과 우리가 된다. 사랑은 곧 나 자신이고, 내 일부이기 때문이다. 나를 사랑하지 못하면 남을 사랑할 수 없는 것과 같다. 스스로를 이해하기 위해서는 먼저 나와 남이 별개의 존재가 아니라는 사실을 인식해야 한다.

자신의 이미지를 관리하는 심리를 연구하는 사회심리학자들도 사람들은 대인관계에서 타인이 자신에 대하여 어떤 특정 이미지 또는 인상을 갖도록 여러 가지 책략을 사용한다는 사실을 밝혀냈다.

최근 들어 자신을 칭찬하는 사람들이 점점 늘어가고 있다. 지구촌 나눔운동 모금팀장을 맡고 있는 이아영 씨는 두세 달에 한 번씩은 '나와의 데이트'를 즐기는 대표적인 인물이다. 동료도, 친구도 없이 혼자 서점이나 갤러리를 찾아 책을 읽거나 미술 작품을 감상한다. 이 시간만큼은 오로지 자신과 대화하는 시간이다. 가끔 자신에게 편지를 써서 부치기도 한다고 한다.

자신을 칭찬하려면 하루에 하나씩 자신의 장점을 찾아 일기로 써 보는 것도 하나의 좋은 방법이 될 수 있다. 칭찬을 잘하는 아내로 알려진 양문영 씨도 "처음에는 대가를 바라고 칭찬하다가 나중에는 칭찬받는 남편을 보는 내 스스로가 즐거워 칭찬하게 됐다."며 "칭찬도 사랑과 마찬가지로 자꾸 해야 느는 것 같다."며 자신에 대한 칭찬의 중요성을 강조했다.

칭찬은 무엇보다도 자신에 대해 긍정적인 이미지를 형성하는 중요한 역할을 한다. 자신의 실수에 대해서는 변명을 하고, 자신의 잘못에 대해서는 사과를 하는 것처럼 좋은 일을 했을 때에는 칭찬을 한다. 거꾸로 변명은 스스로가 실수했다는 것을 무의식적으로 연상시키고, 사과는 자신이 잘못했다는 인상을 상대에게 남기는 것처럼, 칭찬은 자신이 장점을 가지고 있다는 생각을 스스로에게 불러일으킬 수 있다는 것이다. 이 때문에 칭찬은 타인이 자신에 대해 가지고 있는 이미지가 손상되지 않도록 자기방어를 위한 하나의 수단이 될 수 있다.

이와는 달리 타인에게 위협을 하거나, 다른 사람을 칭찬하거나 자신의 약점을 드러내 보이는 경우가 있다. 많은 사람들은 타인이 자신에 대해 갖는 이미지가 원래 의도한 이미지가 되는 것을 바란다.

인간은 누구나 다른 사람으로부터 인정받고 싶은 욕구가 있다. 칭찬은 이런 욕구를 충족시켜 줌으로써 자신감과 희열을 느끼게 한다. 따라서 한 사람보다는 두 사람, 나아가 여러 사람으로부터 인정을 받으면 받을수록 사기가 높아지고 동기가 부여될 것이다.

칭찬은 자긍심을 높여준다. 자긍심은 자신에 대한 전반적인 평가가 긍정적이라는 자기 지각이다. 자기를 칭찬하는 것은 곧 자기 자신을 긍정적으로 평가하는 것이다. 그래서 자신을 칭찬하면 할수록 자긍심이 높아지게 된다.

모리스 로젠버그(Morris Rosenberg)의 연구에 의하면 자긍심과 자기 지각의 관계에 대하여 높은 자긍심을 가진 사람은 자신의 능력을 평가하게 했을 때, "나는 ~을 할 수 있다. 자신에 대해 만족한다."고 생각한다는 결과를 발표했다.

반면 낮은 자긍심을 가진 사람은 자신의 능력에 대해 부정적으로 생각하고 스스로 실패자라고 생각한다. 높은 자긍심을 가진 사람은 자신의 가치와 능력을 항상 긍정적으로 평가한다. 반면 낮은 자긍심을 가진 사람은 가치와 능력을 항상 낮게 평가하는 경향이 있다.

칭찬은 리더십 행동에 대한 확신도 높아진다. 자긍심은 한 개인이 사회에 효과적으로 적응하는 데 중요한 기초가 되기 때문이다. 이러한 측면에서 보면 자긍심은 어떠한 가능성을 갖게 한다. 리더십이 효과적으로 발휘되기 위해서는 자신의 리더십 행동에 확신을 가져야 한다.

리더십 역량이 갖는 주된 특성 가운데 하나는 역량의 일반화 현상이다. 한 예로 사람들은 창의성이 높은 리더가 문제해결능력도 뛰어날 것으로 기대한다. 이와 같은 일반화가 일어나는 원인은 자긍심이 높은 사람일수록 자기 자신의 긍정적인 이미지를 더 높이려 하기 때문이다. 이러한 동기로 인해 한 가지 리더십 역할이 뛰어난 사람은 다른 역량도 효과적으로 발휘하게 될 것이다.

토론토 대학의 제니퍼 캠벨 교수는 자긍심이 높은 사람과 낮은 사람 간에 자기 확신에 있어서 많은 차이가 있다는 것도 밝혀냈다. 자긍심이 높은 사람은 낮은 사람보다 자신의 다양한 능력에 대해 더 긍정적으로 평가하였으며, 그러한 평가에 대해 확신을 하였다. 자긍심은 자신의 리더십 행동에 대한 확신을 높이는 역할을 한다는 사실도 알 수 있다.

칭찬은 우리가 기대하는 이상으로 많은 선물을 준다. 무엇보다 큰 비용으로도 해결할 수 없었던 부분까지 모두 해결해 준다. 이것이 우리에게 칭찬이 주는 가장 큰 재산이다. 아무에게나 칭찬을 할 수 있는 것이 아니다. 칭찬의 기회는 항상 준비된 사람에게 온다. 남보다 자기 자신을 칭찬할 준비가 된 사람만이 할 수 있다는 것을 기억해야 한다.

이와 같이 자신의 모습을 방어하거나 만드는 노력의 이면에는 자기 자신에 대한 긍정적인 이미지를 형성하려는 동기가 깔려 있다. 타인으로부터 칭찬뿐만 아니라 자기 자신에 대한 칭찬은 이러한 긍정적인 이미지를 형성하는 데 기여한다는 것을 기억하자.

04

1대 7법칙으로 칭찬하라

칭찬이나 꾸중을 할 때 법칙을 활용하면 더 효과적이다. 무조건 칭찬하는 것보다 일정한 법칙을 활용하여 칭찬하고 꾸중해야 한다는 조사결과도 나왔다. 하지만 꾸중보다 칭찬에 무게를 두어 바람직한 방향으로 심성을 유도하는 것을 간과해서는 안 된다.

칭찬과 꾸중은 부모가 자녀에게 얼마나 관심을 가지고 있는가에 대한 척도가 된다. 무조건 칭찬만 많이 한다든지, 아니면 잘할 때나 잘못했을 때 구분없이 꾸지람만 하는 것도 바람직하지 않은 행동이다.

최근 두뇌에 관한 연구가 활발하게 진행되고 있다. 성격이 명랑하고 밝은 감정을 가진 사람들은 우울하고 어두운 감정을 가진 사람에 비해 질병에 훨씬 덜 걸리고 오래 산다는 사실이 연구결과 입증

되었다. 사람이 살아가는 데 칭찬보다 더 소중한 것이 자산이 없다는 결과로 해석된다.

그렇다고 아이를 기르면서 매일 칭찬만 하고 살 수는 없다. 칭찬과 꾸중은 적당하게 하여야 효과적이다. 이런 방식을 흔히 1대 7법칙이라고 한다. 한 번 야단치거나 꾸중할 때는 반드시 7번 이상 칭찬하라는 의미이다.

세 살 버릇이 여든까지 간다는 이야기가 있다. 어릴 때의 버릇은 늙어서도 고치기 어렵다는 말이다. 어릴 적 부정적인 사고는 쉽게 버리지 못하고 성인까지 잠재적으로 가지게 마련이다. 긍정적인 마음은 인생을 즐겁게 만드는 촉매제가 된다. 꾸중보다 칭찬을 많이 주고받는 세상은 어느 세상보다도 아름답고 행복해질 것이다.

칭찬은 많은 사람들에게 용기를 주기도 하고 일상생활에 활력소가 되기도 한다. 또 자신감을 갖게 해주는 역할을 한다. 많은 사람들은 칭찬을 받으면 기분이 좋아진다는 것은 다 알고 있으면서도 정작 남을 칭찬하는 데는 인색하다. 현대인들은 너나 할 것 없이 칭찬에 목마름을 느끼며 살아가고 있다. 목마름의 직접적인 근원은 바로 친밀한 관계의 부재에서 찾아오기 때문이다.

칭찬을 받으면 기분이 좋아지는 과학적인 근거가 있다. 우리 뇌 속에는 '도파민'이라는 신경전달물질이 있다. 칭찬이나 감동을 받으면 이 물질이 분비되어 쾌감을 느끼게 된다. 도파민이 분비되면 자신도 모르게 기분이 좋아지고 적극적인 마음을 갖게 되고 뇌가 활발하게 움직이게 된다.

그래서 어떤 의학전문가는 이 물질을 신이 인간에게 준 최고의 선물이라고 한다. 그러나 반대로 심한 꾸중이나 처벌을 받게 되면 도파민 분비가 억제되어 정서적으로 심리적으로 불안한 상태를 유지하게 되어 하는 일에 흥미를 잃게 되고 쉽게 지치게 된다.

칭찬을 할 때는 능력보다는 노력중심에 초점을 맞춰 칭찬을 하는 것이 효과적이다. "이렇게 어려운 문제를 혼자 풀었어.", "아주 잘했구나, 정말 네가 노력한 덕분이다." 등으로 아이의 노력에 중점을 두어 칭찬을 하는 것이 좋다.

칭찬 할 때는 결과뿐 아니라 과정을 칭찬하여야 한다. 성과나 결과에만 초점을 맞추지 않고 노력하는 전 과정에 중점을 두어 칭찬하게 되면 상대는 더욱 분발하게 될 것이고 자신이 하고 있는 일에 대하여 성취감을 느낄 것이다.

칭찬은 자신의 능력을 외부로부터 인정받는 하나의 수단이 되기 때문에 자의식 형성에 효과적이다. 칭찬은 아이의 능력 이상으로 내부 에너지가 발현될 수 있도록 돕기 때문에 지식과 정서, 그리고 정의 형성에 기반이 된다.

칭찬은 바람직한 행위이지만 그렇다고 모든 상황에서 적용되는 것은 아니다. 때로는 엄격한 벌이나 꾸중도 사람이 지혜롭게 살아가는데 한 수단이 된다. 꾸중을 할 때는 그 아이가 무엇을 잘못했는지 구체적으로 지적하여 주는 것이 바람직한 행동이다. 잘못된 원인이나 결과만 보고 무조건 나무라는 것은 아이에게 큰 상처를 줄 수 있기 때문이다.

누구나 사람들은 칭찬을 먹고 산다. 칭찬을 많이 먹고 자란 아이는 긍정적인 사고를 하는 반면 꾸중을 많이 들은 아이는 모든 세상을 부정적인 시각으로 바라본다. 칭찬과 꾸중의 어느 하나를 선택하느냐에 따라 얼마나 큰 가치관과 세계관의 차이를 가져오는지 깨달아야 한다.

05

본 대로 느낀 대로 칭찬하라

'아! 당신은 정말로 멋있다', '대단한 미인이다', '능력이 뛰어나다' 등과 같이 추상적으로 상대방을 칭찬하게 되면 받는 사람도 어느 것이 멋있는 것인지, 어떤 능력이 뛰어난지 종잡을 수 없다. 오히려 저 사람이 나를 놀리는 것이 아닌가 하는 생각이 들 수 있다.

이런 경우 멋있다는 말보다는 하나를 선택해서 있는 그대로 말하는 것이 더 효과적이다.

'오늘 입은 브라우스의 색깔이 참 멋있습니다', '미인이라기보다는 눈이 맑아서 총명하다'든지 '머리 결이 검고 윤기가 나서 아름답다'든지 혹은 '지적이다' 등처럼 있는 그대로, 최대한 구체적으로 상대방을 표현하는 것이 더 효과적인 칭찬이 될 수 있다. 이것이 바로 그 사람을 관찰하고 관심을 가져주는 증거가 되기 때문이다.

상대방을 칭찬할 때도 어떤 부위보다 용모에 초점을 맞춰 칭찬하는 것을 가장 좋아한다. '눈이 맑아서 예뻐요', '분위기가 데미무어를 닮았네요', '요즘의 미인이란 당신과 같은 건강한 사람을 말합니다' 등처럼 본 대로 느낀 대로 칭찬을 하면 쉽게 상대방과 가까워질 수 있고, 더 효과적인 칭찬이 될 수 있다.

칭찬을 너무 과장되게 하는 것도 좋은 방법이 아니다. 오히려 해가 될 수 있다. '아주 미인인데 미스코리아에라도 나가야겠는걸', '당신은 최고의 멋쟁이에요'와 같은 표현은 과장된 말로 들릴 수 있고, 오히려 거짓말이라는 것을 상대방이 직감할 수 있다. 너무 극단적인 칭찬에는 성실성이 결여될 수 있다. 무엇이든 있는 그대로 사실 그대로 칭찬하는 것이 좋다. 사실을 솔직히 칭찬해 주는 것이 가장 자연스러우며 상대방에게 상쾌함을 느끼게 해 준다.

때로는 상대가 느끼지 못하는 점을 칭찬하는 것도 좋은 방법이다. 항상 똑같은 칭찬만을 되풀이한다면 신선미가 없어지고 싫증이 난다. 기계적인 것 같은 느낌이 들며 마음이 닫히지 않기 마련이다. 칭찬할 때는 좀 더 신선하고 상대방이 느끼지 못하는 부분을 관찰하여 칭찬한다면 그 효과는 생각보다 더 많이 결과를 가져다 줄 것이다.

말이란 시간과 장소가 중요하다. 그때그때 타이밍을 잘 맞춰야 한다는 말이다. 같은 내용의 말이라도 전달하는 사람과 분위기에 따라 엄청난 차이가 있다. 한참 즐거운 이야기가 무르익어갈 때 '어제 교통 사고는 끔찍했어'라고 말한다면 그 분위기는 금방 썰렁해질 수 있다. 말은 분위기에 따라 느낌도 달라질 수 있다는 것을 알아야 한다.

따뜻한 말로 칭찬하는 것도 잊지 말아야 한다. 칭찬은 마음에서 우러나오는 것인 만큼 상대방에게 기분 좋은 일이 아닐 수 없다. 다소 말하는 것이 서투르다고 해도 그 사람이 성의와 진심에서 나오는 말이면 그 진심은 상대방에게 그대로 전해질 것이다. 있는 그대로 받아들이고, 있는 그대로 칭찬하는 연습을 해야 한다. 절대 쓸데없는 미사여구를 사용하려고 욕심내서는 안 된다.

말은 종합예술이다. 입에서 나오는 단순한 단어 하나가 아니라 순간순간 감정과 기술이 필요할 때도 있다. 특별히 상대방의 장점을 바라볼 수 있는 따뜻한 마음이 우선 기본이 되어야만 칭찬할 수가 있는 것이다. 칭찬에 인색한 사람이 되어서는 안 된다.

인간이 무엇인가를 판단할 때는 기술이 필요하다. 자기 자신을 먼저 파악해야 한다. 그러나 세상일은 모두 양면성을 가지고 있다. 단 하나의 기준만으로 '좋다', '나쁘다'를 단정해서도 안 된다. 자신과 남과의 평가가 서로 엇갈려도 당황하지 말고 양쪽 모두를 받아들이면 잘못을 최소화할 수 있다. 왜 그렇게 말하는지 그 근거를 확실하게 파악한 후 올바르게 대처하는 노력이 필요하다. 본 대로 느낀 대로 솔직하게 표현하는 것이 가장 좋은 방법이다.

06

적절하게 칭찬하고 보상하라

칭찬 전문가들은 효율적인 인간관계를 형성하기 위하여 칭찬과 보상의 방법을 추천하고 있다. 칭찬과 보상은 인간의 행동을 바람직한 방향으로 강화되어 좋은 습관을 가지게 해 준다. 반면 그릇된 행동에 대해서는 한 번 더 생각하게 만들고 소거시키는 효과가 있다.

특히 인성이 형성되는 청소년기에 칭찬을 많이 받게 되면 성취욕이 높아진다. 물론 무턱대고 칭찬하는 것은 어리석은 일이다. 칭찬과 보상을 잘못 활용하게 되면 성공적인 삶을 살아가는 데 걸림돌이 될 수 있다. 그렇기 때문에 칭찬을 하거나 보상할 때는 일정한 원칙과 기술이 필요하다.

일부 교육전문가는 아이가 칭찬에 중독되지 않게 하기 위하여 가급적 보상을 피해야 한다는 의견도 있다. 보상은 외적 동기에 해당되기 때문에 아이들의 몸은 움직이지만 마음은 절대 움직일 수 없다는 것이 핵심이다. 하지만 적절하게 칭찬하고 보상하면 자신감과 성취욕을 한층 높일 수 있다는 것이 일반적인 견해다.

칭찬과 보상의 대표적인 방법으로는 사회적 강화를 들 수 있다. 이런 강화인자로는 제스처, 끌어안고 쓰다듬어 주는 행위, 칭찬, 그리고 미소 등의 행동을 의미한다. 자녀가 바람직한 행동을 했을 때 즉각적으로 긍정적인 피드백을 주면 되는 강화법이다.

가령 자녀가 쓰레기를 밖에 내어 놓는 것을 도와주었을 때 "네가 쓰레기 치우는 것을 도와주어서 고맙구나."라고 말하면 된다. 이때 주의할 점은 "세상에서 부모 일을 도와주는 아이는 너밖에 없어.", "넌 뭐든지 잘하는 참 착한 아이야." 등과 같은 추상적이고 과장된 칭찬은 가급적 피하는 것이 좋다.

다음으로 활동적 강화는 어떤 행동 뒤에 수반되는 또 다른 행동을 강화시키는 방법이다. 보통 강화시키는 기능을 하는 활동은 자유시간, TV를 보도록 허락하는 일, 동화를 읽어 주는 것, 컴퓨터를 사용하도록 허락하는 일, 그리고 퍼즐을 가지고 노는 일 등이 포함될 수 있다.

이러한 체계적 방법 중의 하나가 프리맥 원리(premack principle)로서 아동의 전 학습행동에 대해 알지 못한 경우도 강화인자를 설정할 수 있다. 즉, 다른 활동인자로 활용할 수 있다. 예컨대, 어린 아동이 컴퓨터 게임을 원할 경우 과제를 다 하거나 제자리에 앉아 식탁 매너를 지킨 후에는 컴퓨터 게임을 하고 놀도록 허락함으로써 강화시킬 수 있다.

이렇게 어떤 행동을 마치고 나면 잇따라 강화될 수 있는 행동을 허락함으로서 아동의 행동지도를 할 수 있다. 결국 어떤 아동이 특정한 활동을 좋아하면 그 좋아하는 행동을 하게 함으로써 행동변화를 가져다 줄 수 있다는 것을 알 수 있다.

물질적 강화는 자녀가 바람직한 행동을 하거나 약속한 행동을 완수했을 때 사탕이나 장난감과 같은 물건으로 보상해 주는 방법으로 말로만 하는 칭찬보다 물질적인 보상을 통하여 칭찬의 효과를 극대화 시킬 수 있는 장점이 있다.

구체적인 강화방법으로 토큰경제라는 것이 있다. 보상받을 만한 행동을 구체적으로 표를 만들어 적어 놓고 그 실행이나 완수했을 때 정해진 스티커나 토큰을 주는 방법이다. 자녀는 이렇게 모아진 스티커나 토큰을 갖고 싶은 물건으로 교환하는 방법이다.

일본 국립 생리학 연구소에서는 실험 대상자들에게 현금이 걸린 카드놀이를 하도록 하여 시간이 지날수록 금액이 점점 높아져서 돈을 많이 벌도록 한 다음 MRI를 통해 뇌를 관찰했고, 서울 영동세브란스병원에서도 금전적인 보상이 이루어질 때 사람의 뇌의 활성화되는 부위는 뇌의 전면부에 해당하는 사람의 각성을 담당하는 부위와 그 다음에 뇌의 중심부에 위치하고 있는 여러 가지 인식과 행동을 관장하는 부위가 활성화된다는 것을 밝혀냈다.

그 결과 돈을 벌 때 뇌가 활성화되는 부위와 유사한 부위가 활성화되는 것을 확인할 수 있었다. 연구팀은 사람들이 평소 친절하고 좋은 행동을 한 것에 대해 보상을 받았다고 느끼는 것으로 설명했다. 선한 행동이 더 많은 '선'을 낳는다는 말이다. 듣기 좋은 격언일 뿐만 아니라 의학적으로 입증된 셈이다.

07

무조건 칭찬하지 마라

어떤 약이든 과다복용을 하면 오히려 부작용이 난다. 이와 같이 부모와 아이의 의사소통에서 가장 좋은 도구는 칭찬이다. 하지만 아이에게 좋은 부모가 되기 위해서라든지 아니면 아이의 기분을 일시적으로 좋게 하기 위한 칭찬은 위험한 행동이다. 무조건적이고 즉흥적인 칭찬은 피해야 한다는 말이다.

이런 이유는 논어 선진편에 나오는 『과유불급』에서 엿볼 수 있다. 이 말은 '지나침은 미치지 못함과 같다'라는 의미로 칭찬 역시 지나치면 오히려 '독'이 될 수 있다는 말로 해석된다. 진심이 담긴 사랑이나 칭찬은 큰 문제가 되지 않겠지만 일방적인 칭찬이나 격려는 그것이 아무리 좋은 것이라고 해도 상대방에게는 불필요하고 때로는 독이 될 수 있다는 의미이다.

뇌는 무언가 새로운 것을 좋아한다. 똑같은 일상의 반복적인 행위는 싫증을 낸다. 무엇인가 새로운 일을 해야 한다. 우리 뇌는 새로운 정보를 받아들였을 때 생동감이 생기게 되고 활력을 찾기 시작한다. 그래서 반복적이거나 지나친 칭찬은 금물이다. 이것이 바로 인간 뇌의 본성이라는 사실을 다시 한 번 기억해 보자.

이렇듯 지나친 칭찬은 아이들의 동기를 왜곡시킬 수 있다. 자라나는 아이들에게 오히려 주체성과 자신감을 떨어뜨리고 '칭찬 중독증'이라는 부작용을 낳을 수 있다. 아무리 좋은 칭찬이라도 지나친 칭찬은 그 힘을 잃게 되기 마련이다. 그래서 벽장에 넣어둔 보물상자처럼 필요할 때 하나씩 하나씩 칭찬의 말을 꺼내 아이에게 선물하는 것이 좋은 방법이다.

세인트루이스 워싱턴대학의 로버트 클로닌저 박사는 끈기를 관장하는 두뇌회로도 '부정기적인 강화'로 훈련될 수 있다고 말한다. 그는 "지나치게 잦은 보상을 받으며 자란 사람은 보상이 사라지면 그만두기 때문에 끈기를 기를 수가 없다."라고 충고했다. 칭찬도 중독이 된다는 말이다. 일상적인 칭찬은 습관적인 잔소리와 마찬가지로 효과가 없다.

칭찬을 할 때는 '잘 했어', '아이 착해', '말 잘 들어서 예뻐' 등과 같이 아이를 좋고 나쁨으로 판단하여 말을 하는 것보다 아이의 어떤 말과 행동이 칭찬받을 만한 부분인지 정확히 판단하여 있는 그대로 설명하여 주는 것이 더 효과적이다.

'착하다', '예쁘다' 등과 같은 표현은 말하는 사람이 상대방을 평가하는 주관적인 표현이기 때문에 만약 말하는 사람이 내린 평가에 듣는 사람이 동의하지 않을 경우 부정을 하거나 거부감을 줄 수가 있다.

아이의 자신감을 키워주려면 칭찬보다 격려하는 것이 더 효과적이다. 칭찬은 잘했을 때만 하지만, 격려는 잘했을 때는 물론 잘하지 못했을 때도 할 수 있다. 무엇보다 중요한 것은 칭찬에는 부모의 일관된 원칙과 소신 있는 행동이 중요하다.

〈제멋대로 키운 아이 더 크게 성공한다〉의 윤태익 저자도 조그만 일에도 서슴지 않고 칭찬을 하면, 정작 칭찬을 받았을 때 칭찬을 해도 그 효과가 반감된다고 한다. 아니 독이 된다고 한다.

이런 부작용을 최소화하기 위해서 적절한 칭찬기술을 배워야 한다. 음악을 듣거나 칭찬을 먹고 자란 식물이 훨씬 튼실한 열매를 맺는다고 하지 않는가. 마음이 따뜻하면서 감정적인 성격인 가슴형 아이들은 칭찬을 먹고 자란다.

칭찬의 힘은 기대 이상의 결과까지 발현시킬 수 있다. 칭찬은 다른 사람의 사랑과 관심, 인정을 받아야 행복하다고 느끼고 주변의 말에 따라 자화상을 만들어 가기 때문이다.

심리학자 위니코트는 '이 세상에 완벽한 부모는 없다'라는 말을 하였다. 다만 충분히 좋은 부모만이 있을 뿐이라고 말했다. 아이들을 키우는 데 있어서 부모의 힘은 절대적인 존재다. 때문에 부모도 자녀에게 적당한 칭찬과 꾸중을 해야 한다. 결코 쉬운 일은 아니다.

부모도 때로는 자녀의 바람직한 모델이 되어야 한다. 아이들은 부모의 모습을 그대로 반영하는 거울이며 부모의 언행을 있는 그대로 흡수하는 스펀지와 같다. 평소에 부모가 힘든 상황을 어떻게 대처하는지, 우울하고 슬픈 일이 있을 때 어떻게 받아들이고 행동하는지 아이들은 부모가 하는 행동을 그대로 따라 한다는 것을 잠시라도 잊어서는 안 된다.

현명한 부모는 아이들에게 무조건적인 칭찬을 하지 않는다. 칭찬과 꾸중을 적절히 사용할 줄 안다. 아이들이 앞으로 사회의 멋진 구성원으로 살아갈 수 있도록 판단능력을 길러주는 현명한 부모의 모습이 요구되는 시대가 되었다.

08

맞춤형 칭찬법을 활용하라

칭찬은 어떻게 하느냐에 따라 상대방이 느끼는 감정이 달라질 수 있다. 긴 인생을 살아가면서 자신만의 칭찬 스킬을 가지고 있다면 행복한 삶을 살 수 있을 것이다. 특히 자녀를 둔 부모라면 자기 나름대로 한 가지 칭찬 스킬을 배워야 한다.

보통 칭찬 방법은 평가형과 설명형 칭찬으로 크게 2가지로 나눌 수 있다. 예를 들어 "철수야, 넌 착한 애야."라고 한다면 평가형 칭찬이 되고, "철수야, 네가 동생과 잘 지내는 것을 보니 엄마 기분이 참 편안하구나."라고 했다면 설명형 칭찬이 된다.

칭찬하는 방법에 대해서는 저마다 다른 방법을 가지고 있다. 어떤 사람은 근거없이 함부로 칭찬을 해서는 안 된다고 하고, 또 어떤 사람은 칭찬은 무조건 많이 하는 것이 좋다고 말하는 사람도 있다. 그래서 자신만의 칭찬 스킬을 배워야 즐거운 인간관계를 형성하며 살아갈 수 있다.

하지만 칭찬은 아무렇게나 하는 것은 아니다. 사람에 따라 그 내용과 방법이 달라져야 한다는 것이 전문가의 일반적인 견해다. 다시 말하면 아이가 좌뇌형이냐, 우뇌형이냐에 따라 칭찬 방법과 내용이 달라질 수 있다는 말이다.

두뇌 전문가에 의하면 양쪽 뇌는 기본적으로 전혀 다르다는 것이 통설이다. 요즘 기업에서는 좌뇌형이니, 우뇌형이니 하는 말이 유행처럼 퍼지고 있다. 우리가 잘 아는 바와 같이 좌뇌는 언어와 논리적인 사고를 관여하고, 우뇌는 언어로 바꾸기 어려운 것들을 다룬다. 예술적 감각이나 오감 등 언어로 알 수 없는 것들은 우뇌가 느낌으로 받아들인다.

우뇌형 인간은 상대의 얼굴을 잘 기억하고 처음 만났을 때 옷이나 첫인상을 잘 기억하지만 좌뇌형 인간은 이름, 하는 일, 경력 등을 잘 기억한다. 두뇌 발달도 서로 다르다. 좌뇌형은 추상력, 수리력, 기억력, 추리력이 뛰어나고, 우뇌형은 협응력, 시각 통찰력, 구성력, 지각 속도력이 발달된 사람이다.

또 좌뇌와 우뇌는 서로 다른 특성을 가지고 있지만, 반대로 생각하면 각자 가지지 못한 큰 장점을 가지고 있다. 예를 들면, 일을 잘 벌리는 우뇌는 뒷감당을 잘하는 좌뇌와 잘 맞기 때문이다. 맞춰가는 과정이 결코 쉽지는 않지만 서로가 가진 단점을 잘 이해하고 인내하면, 결국 같은 성향끼리는 이루지 못하는 시너지 효과를 낼 수 있다.

연세대 안진훈 책임교수는 '우리나라 아이들은 약 80% 정도가 우뇌형인데, 좌뇌형 아이는 순차적 사고가 뛰어나 수능 같은 큰 시험에서 변별력이 높은 새로운 유형의 문제나 복잡한 문제가 나오면 이를 단계적으로 처리해 낼 수 있는 능력이 있고, 우뇌형 아이는 직관을 이용해 문제의 유형을 파악하고 이를 반복적으로 익히는 방식으로 공부한다'고 한다.

우뇌형 아이는 하나를 보면 온갖 생각을 떠올리는 확산적 사고를 잘한다. 확산적 사고란 A를 보면 바로 B가 떠오르는 것을 말한다. 이것이 창의성의 바탕이 되는 뛰어난 능력임에도 시험에서 답을 찾을 때는 오히려 걸림돌이 된다고 주장하는 사람도 있다.

많은 교육전문가들은 이러한 사고는 수학 문제를 푸는 데 큰 걸림돌이 된다고 한다. 왜냐하면 수학은 문제를 풀고 바로 답을 내는 것이 정석이기 때문이다. 이런 아이들은 수학 문제를 보면 자꾸 엉뚱한 생각이 나기 때문에 수학이 약할 수밖에 없다고 한다.

칭찬을 할 때에는 어떤 결과를 내거나 구체적 근거를 가지고 칭찬을 해야 한다. 그렇지 않고 그냥 칭찬하면 괜히 칭찬을 하는 사람만 실없는 사람이 되고 만다. 반대로 아이가 잘못했을 때에는 솔직히 피드백을 해줘서 별 상처를 받지 않고 평소처럼 행동할 수 있는 여건을 만들어 주는 것이 중요하다.

자녀가 우뇌형 아이라면 잘 했을 때 칭찬을 해야 하는 것이 아니라 아이가 잘하지 못했을 때 칭찬을 해야 한다. 우뇌형 아이는 눈치가 빨라서 자신이 잘못했을 때 이미 혼날 것을 예상한다. 이때 부모는 반대로 칭찬카드를 재빨리 꺼내 들어야 한다. 물론 이때 칭찬은 잘해서 하는 칭찬이 아니라 앞으로 잘하라는 의미의 칭찬이다.

칭찬은 사람에 따라 다르게 해야 칭찬의 효과를 극대화시킬 수 있다. 올바른 칭찬을 하기 위해서는 사람의 뇌구조 유형별 칭찬법을 배워야 한다. 무조건적인 칭찬은 인간관계를 악화시킬 수 있다는 사실을 기억해야 한다.

09

역발상으로 칭찬하라

한 여론조사에서 칭찬의 효과에 대하여 발표하여 화제가 된 적이 있다. 이런 효과를 분석해보면 잘못된 일에 쓰이는 에너지를 긍정적인 결과를 얻을 수 있는 에너지로 전환시킨다고 한다. 이처럼 칭찬은 그 순간뿐만 아니라 주변까지도 긍정적인 영향을 준다는 것이 밝혀졌다.

칭찬의 가장 효과적인 방법은 한 조사에서 칭찬은 상대방의 행동 스타일이나 모습을 칭찬하는 것이 가장 바람직하다는 결과가 나왔다. 칭찬은 무엇인가 남다르게 해야 상대방에게 감동을 줄 수 있다.

간접적인 칭찬도 하나의 차별화된 칭찬법이 될 수 있다. 상대방과 사이가 서먹하다거나 관계가 좋지 않은 상황이라면 차라리 정면에서 칭찬하는 것보다 간접적으로 칭찬하는 방법이 더 효과적이다.

예를 들면 대학에 입학한 아들을 둔 아버지를 만나 칭찬할 때는 "아드님이 이번에 어려운 경쟁률을 뚫고 S대학에 입학하였다니 정말로 축하드립니다. 역시 선생님을 닮아서 그토록 똑똑한가 봅니다."라는 식으로 간접적인 칭찬 방법을 활용하면 그 효과는 두 배 이상 커질 수 있을 것이다.

칭찬을 잘 하는 사람은 자신의 환경과 사회생활에서도 플러스 점수가 될 수 있다. 모 은행은 한 직원의 불친절로 인하여 친절평가에서 하위 점수를 얻어 지점장이 직무대리를 당하는 수모를 겪었다. 그리고 고객들로부터 항의 전화와 투서를 받고 있었다. 이러한 현실을 직시한 지점장은 여러 가지 고민을 해오다가 담당직원을 문책하기보다는 '칭찬'이라는 현명한 선택을 하게 되었다.

"박 선생! 일 처리가 빠르고 정확하다고 손님들이 박 선생을 칭찬하더군. 앞으로 계속해서 그렇게 빠르고 정확하며 친절하게 고객을 상대해 줘요."

그 후 그 직원의 태도는 크게 달라졌으며 그 지점 영업 창구의 분위기 또한 새로워졌다고 한다. 관리자의 새로운 각도의 칭찬방법으로 이 회사를 살린 것과 같이 다가오는 미래는 역발상적인 칭찬법이 요구되는 시대가 되었다.

위의 사례와 같이 최근 들어 회사에서도 칭찬의 문화를 확산시키려는 노력이 날로 증대되고 있다. '소통 강화'와 '칭찬문화'를 만들자는 캠페인을 벌이고 있다. 예를 들면 스마트폰 무료메신저를 통해 서로의 안부를 묻고 칭찬을 하거나 '소통캠프'를 가고 직원 '칭찬콘테스트'를 시행하는 등 칭찬을 확산하는 운동이 활발하게 전개되고 있다.

그렇다면 사람들이 칭찬을 하는 이유는 무엇일까? 바로 그것은 사람의 본질적인 관심욕구에 있다. 자기의 세계에서는 자기가 가장 중요하다는 것을 느끼고 싶어 하고 주위 사람들에게 자신에 대한 가치를 인정받기를 원한다. 상투적인 공치사가 아닌 진심에서 우러나오는 솔직한 칭찬을 기대하는 것이다.

이러한 칭찬은 옛 조상들의 지혜에서도 엿볼 수 있다. 중국 전국시대의 맹자는 장년기 20년 동안 천하를 돌아다니며 자신의 사상을 알리는 것으로 인생을 보낸 것으로 유명하다. 그는 여러 나라 왕과 만나 인의에 의한 왕도정치를 설교하고 돌아다닌 것이다. 그의 설득과 이야기는 다음과 같은 세 가지 특징이 있다.

· 반문(反問)하는 형식을 많이 이용하였고,
· 상대를 높여주는 칭찬의 방법을 많이 사용하였고,
· 다른 또 하나는 논리에 초점을 맞추면서 질문해 들어가는 교육 방법을 택하였다.

여기서 우리는 맹자가 자신의 사상을 알리고 다른 나라의 왕들을 설득하기 위해 '칭찬'이라는 방법을 사용한 것에 주목할 필요가 있다. 맹자도, 마음의 문을 두드리는 칭찬의 효과를 알고 있었고, 이를 적극적으로 사용했던 것이다.

다양하고 차별화된 방식으로 칭찬하라. 평범한 칭찬보다는 조금 특별한 나만의 칭찬법칙을 만들어 보자. 기존의 방식으로는 상대방을 감동시킬 수 없다.

상대방의 면전에서만 칭찬을 해야만 하는 시대는 지났다. 편지나 이메일로, 때로는 문자메시지 등을 활용하면 더 효과적이다. 레퍼토리가 다양하면 할수록 그만큼 특별한 사람으로 각인된다. 끌리는 사람은 1%가 다르다고 하지 않았던가. 지금 당장 할 수 있는 나만의 특별한 칭찬법은 무엇인가?

10
칭찬의 문을 열어라

모든 사람들은 문을 하나씩 가지고 살아간다. 그 문은 바로 '칭찬의 문'이다. 칭찬의 문은 아무에게 열어 주지 않고 마음의 여유와 너그러움이 있는 사람에게 먼저 다가선다. 남을 진실하게 칭찬하기 위해 노력하는 과정을 통해 우리는 마음을 갈고 닦는 내면의 수련과정을 거쳐야 한다.

칭찬을 잘하는 사람이 행복하고, 남을 칭찬할 줄 아는 사람이 뛰어난 사람이다. 먼저 상대방에 대한 관심과 애정을 가지지 못하면 상대방에 대하여 제대로 볼 수 없다. 당연히 칭찬할 점도 찾지 못한다. 그러나 애정을 가지고 상대방을 관찰할 때 그 사람의 모습과 행동에 의미가 부여되고 진정한 실체가 드러나게 된다. 그래서 남을 칭찬할 줄 아는 사람은 뛰어난 사람이라고 하는 것도 이런 이유 때문이다.

모든 사람은 장점과 단점을 가지고 있기 마련이다. 칭찬은 닫힌 마음의 문을 열어주는 마법사와도 같다. 단점도 보는 사람의 시각에 따라 장점이 될 수 있다. 마음의 문을 열고 칭찬하겠다는 마음을 먹고 상대방을 바라보면 평상시 보이지 않던 장점들이 드러날 것이다.

칭찬은 인간을 성장시켜 준다. 인간의 재능은 트집 잡는 순간 사라진다. 그러나 칭찬은 자신이 가지고 있는 재능을 더욱 강화시켜주는 촉매제 역할을 한다. 자신감의 결여, 수치심, 공포감, 무기력 따위는 우리의 성장을 가로막는 강력한 장애물이 된다. 그 사람을 성장시키려면 칭찬을 통하여 자신감을 키워야 한다. 그 칭찬의 힘은 상상을 초월할 것이다.

사람을 보는 눈이 탁월한 사람들은 잠깐의 대화를 통해서도 상대방을 파악할 수 있는 능력이 있다. 바로 인간에게는 진실한 '마음의 창'이 있기 때문이다. 이 창에는 그 사람의 됨됨이가 숨어 있다. 부족한 말재주 때문에 칭찬하는 것을 두려워해서는 안 된다. 우리의 진심이 상대방에게 그대로 전달되리라는 소박한 믿음만으로 충분하기 때문이다.

칭찬의 문을 열어라. 그리고 상대방의 긍정적인 모습에 관심을 가져라. 이것이 칭찬의 시작이다. 인간은 여러 가지 의미에서 자기중심적이다. 그러면서도 남을 대할 때는 나를 무시하지 말라고 주문한다. 이기적인 사고방식이다. 진리는 단순함 속에 있다는 사실을 알아야 한다.

따뜻한 관심을 나타내는 인사는 인간의 끝없는 기대감을 만족시킨다는 면에서 엄청난 영향력을 발휘한다. 남에 대한 따뜻한 관심은 상대방의 좋은 면이나 긍정적인 면을 찾는 것에서 시작된다. 이것이 상대방으로 하여금 마음의 창을 열게 하는 동기가 된다.

때로는 부정적인 말 속에도 숨어 있는 칭찬이 있다. "이번에는 자네답지 않아. 왜 그랬지?"에서 '자네답지 않다'는 말은 상당한 칭찬에 속한다. 부정하는 말로 상대방을 인정하는 경우도 많으므로 말의 진의를 제대로 이해하고 반응해야 한다.

매일 함께 근무하는 사람에게 같은 말로 칭찬을 한다면 그것도 바람직하지 않은 방법이다. 비록 같은 말이라도 칭찬표현을 달리하면 어떨까?

"미스 김 눈만 보면 꼭 푸른 하늘처럼 시원해!"

"늘 아름답다고 느끼고 있지만 오늘은 특히 더 아름다운 것 같군요!"

이런 식으로 칭찬의 문의 열고 상대방에게 한 발짝 다가선다면 그 진심을 느끼고 즐거워할 것이다. 칭찬거리가 없다고 고민할 필요는 없다. 칭찬은 상대방의 조그만 관심에서 사랑을 느끼고 신뢰감이 형성하게 된다.

항상 칭찬의 문을 열어 놓고 생활하는 사람에게는 늘 신뢰가 싹튼다. 칭찬은 무엇보다 신뢰가 선행되어야 하기 때문이다. 같은 말로 칭찬을 하거나 꾸중을 해도 신뢰를 받고 있는 정도에 따라 상대방이 느끼는 정도가 크게 달라진다. 여기에 애정과 관심이 있다면 더 좋은 관계가 형성될 수 있다. 칭찬은 당신이 쌓아올린 정성과 신뢰가 중요한 척도가 된다는 것을 깨달아야 한다.

제6부

건강은 성공의 지름길이다

01

아침은 일꾼처럼 많이 먹어라

바쁘게 살아가는 요즘 사람들은 아침식사를 거르기가 일쑤다. 아침을 거르는 가장 큰 이유는 서구문화가 우리 생활에 확산되어 식습관은 물론 생활 패턴까지 바꾸었기 때문이다. 건강을 무엇보다 중시하는 현대인들은 아침을 챙겨 먹는 것이 건강 유지는 물론 장수의 비결이라고 목소리를 한층 높이고 있다.

많은 영양학자들은 잠을 자는 동안에 소모된 열량을 보충하느라 아침이 되면 허기상태에 이른다고 한다. 그래서 아침을 거르면 공복시간이 너무 길어져 오전 활동에 필요한 에너지가 부족하기 때문에 아침식사를 거르지 말라고 충고한다.

왜 아침식사를 거르는 사람이 날로 늘어가고 있을까? 아침식사를 거르는 가장 큰 이유는 '시간이 없어서', '아침에 입맛이 없어서', '아침을 먹을 필요가 없다고 생각되어서'라고 대답한다. 그러나 이러한 말은 진정한 이유가 될 수 없다.

아침을 거르게 되면 자연히 간식이나 점심식사 때 과식하기 마련이다. 오히려 아침식사를 하는 것보다 더 많은 칼로리를 섭취하게 되어 비만의 원인이 된다. 과식을 하는 습관이나 불규칙적인 식습관은 체지방을 증가시키는 원인이 된다.

아침식사를 거르지 말아야 하는 아주 좋은 자료가 있다. 미국의 한 여론조사기관에서 아침을 굶는 7,000명을 대상으로 조사를 했는데 남자는 100명 중 40명, 여자는 28명이 일찍 죽었다고 한다. 더 말할 나위 없이 아침식사의 중요성을 말해 주는 대목이다.

또 조선시대 『정리의궤』라는 책을 보면 임금들은 잠자리에서 일어난 뒤 '초조반' 또는 '자릿조반'이라 해서 죽으로 이른 식사를 한 뒤 제대로 된 아침식사를 한 것은 아침식사가 다른 끼니보다 중요하다는 증거이다.

아침을 먹으면 온몸이 가벼워진다. 사람은 낮 동안에 세 끼를 먹으며 밤에는 식사를 하지 않게 된다. 따라서 하루를 여는 아침식사가 어느 때보다도 온종일 활동하는 데 에너지원이 된다는 증거가 된다.

수험생이나 학생들은 아침식사를 하면 기억력이 좋아진다. 공부하거나 일을 할 때 두뇌를 활발하게 하려면 뇌의 에너지원인 포도당이 충분하게 공급되어야 한다. 결국 아침을 거르면 집중력과 사고력이 저하되어 학습이나 일의 능률을 떨어뜨린다. 수학이나 논리학처럼 집중을 요하는 문제를 풀 때 실수가 적었다는 등 여러 가지 학습 수행능력을 향상시킨다는 것은 아침식사의 중요성을 뒷받침해 준다.

아침식사 양은 너무 적거나 너무 많이 먹는 것은 그리 좋지 않다. 보통 포만감이 느껴지는 양의 70% 정도만 먹고, 위에 부담이 되지 않도록 일어나자마자 물이나 가벼운 차 한 잔으로 위 운동을 촉진시켜 주는 것이 좋다.

일반적으로 하루 권장 섭취 열량은 2,500kcal인 성인 남성의 경우 아침에 600~700kcal, 그리고 점심에 900~1,000kcal, 저녁에는 800~900kcal를 배분하는 것이 적당하다.

일반적으로 아침은 저녁보다 적게 먹는 것이 좋다고 생각하고 있지만, 사실은 아침을 저녁보다 적게 먹을 하등의 이유가 없다. 오히려 저녁을 적게 먹고 아침을 충분하게 먹는 것이 좋다. 최근에는 일본이나 홍콩처럼 우리나라에도 직장 근처의 음식점에서 아침을 집으로 배달하거나 파는 곳이 늘고 있다.

하루 권장 섭취 열량과도 대응되는 표현이 있다. 아침은 '일꾼'처럼, 점심은 '황제'처럼, 저녁은 '거지'처럼 먹어야 한다는 말이다. 다시 말하면 아침은 거르지 말고 반드시 먹여야 한다는 강조의 말로 풀이된다.

다이어트나 살을 빼려고 아침을 거르는 것은 위험천만한 생각이다. 이런 때일수록 하루 섭취 열량이나 영양소의 섭취가 현저하게 줄어들게 되어 활동이 많은 시간에 에너지를 낼 수 있는 음식물을 섭취하도록 식사 계획을 세우는 것도 건강관리에 많은 도움이 될 것이다. 이때도 아침식사는 필수이다.

02

걷기 운동을 많이 하라

많은 사람들이 비만에 시달리고 있다. 현대인의 가장 큰 적이다. 비만을 예방하거나 탈출하기 위한 최고의 방법은 바로 '걷는 운동'이다.

미국의 케네디 대통령의 아머니 로즈여사는 90세가 넘도록 매일 4~5km을 걸었고, 트루먼 대통령도 걷는 운동을 꾸준히 하여 88세까지 장수했다. 또 미국의 아이젠하워 대통령도 걷는 운동으로 심장병을 치료하였고, 루즈벨트 대통령도 오로지 걷는 운동 하나만으로 천식을 완치하였다고 한다.

최근 한 연구 조사에서도 자전거 타기와 걷기운동을 비교한 결과, 걷기 운동이 지방 연소에 가장 효과적인 것으로 나타났다. 자전거 타기도 많은 운동 효과가 있다. 그러나 자전거 타기는 주로 하체의 근육만을 사용하기 때문에 걷는 것만큼 운동 효과를 볼 수 없다. 걷기는 팔과 어깨는 물론 전신의 근육을 두루 사용하기 때문이다.

걷는 것보다 더 좋은 운동은 없다. 걷기 운동을 하면 열량의 원천으로 되는 피 속의 당분이나 중성지방이 소비된다. 중년 또는 노년기에 들어선 사람들은 젊은 사람들에 비해 걷기 운동에 의한 혈당이나 중성지방이 낮아지는 속도가 빠르다. 식사를 한 다음 1시간 정도 걷기 운동을 하면 이러한 효과를 볼 수 있다.

평소 몸을 움직이면 땀을 흘리기 마련이다. 땀을 흘리고 나면 당장 기분이 좋아진다. 그 이유는 체내에 쌓인 지방이 점점 감소되고, 생활에 활력이 생기면서 몸에 강한 에너지가 충전되기 때문이다.

특히 빈혈이 있는 사람은 걷기 운동을 하면 호흡수가 늘어나고 깊어지며 심장도 점점 빨리 뛰게 된다. 이런 현상은 피 속에서는 적혈구나 혈색소의 양이 많아지기 때문이다. 질병이 있는 사람은 운동을 할 때 효과적으로 자주 걸어야 한다.

무조건 보폭을 크게 한다고 해서 운동 효과가 높아지는 것은 아니다. 무리하게 보폭만 넓게 하면 오히려 걸음의 속도가 떨어져 운동 효과가 떨어진다. 식사를 한 후 곧바로 걷는 것은 오히려 건강을 해칠 수 있다.

모든 운동은 식사 후 2시간이 지난 뒤에 하는 것이 좋다. 2시간을 고집하는 이유는 음식물이 위장에 들어가서 소화하는 데 걸리는 최소한의 시간이 지나야 하기 때문이다.

걷기 운동을 꾸준히 하면 체중조절에 많은 도움이 된다. 일주일에 5일 이상, 하루에 30분 이상 걸을 경우 200kcal가 연소되며 신진대사가 촉진되어 체중관리에 도움이 된다.

체지방은 운동을 시작하자마자 즉시 연소되는 것이 아니라 활동을 시작한 지 30분이 지난 뒤부터 비로소 연소되기 시작된다. 단 시간 내 격렬한 운동보다는 매일 꾸준하게 운동하는 것이 효과적이다.

규칙적이고 꾸준하게 운동을 하면 급격한 에너지가 소모되지 않기 때문에 지방 세포로부터 에너지를 추출하는 효소의 활동력이 높아져 에너지 공급이 원활하기 때문이다. 이때 우리 뇌 속에는 베타 엔도르핀이라는 호르몬이 분비된다.

이 호르몬은 사람의 고통을 경감시켜 주는 효능이 있다. 우울증이나 스트레스 예방에도 큰 도움이 된다. 걷고 나면 기분이 좋아지는 이유도 바로 이 호르몬 때문이다.

새벽 운동을 하는 사람들이 늘어나고 있다. 새벽 운동은 기분을 좋게 하는 아드레날린이 분비가 왕성하여 기분을 상쾌하게 해 주는 장점도 있지만, 심장병이라든지 다른 질병을 가지 사람들은 새벽 운동을 하면 몸에 무리가 올 수도 있어 조심해야 한다.

우리 몸은 움직이면 움직인 만큼 기분 전환에 좋아지기 마련이다. 행복에 긍정적인 영향을 주는 새로운 경험을 할 수 있는 유일한 공간이다. 똑같은 코스를 걸어도 마주치는 사람, 나무들의 변화, 구름의 움직임의 다양한 모습은 언제나 새로운 볼거리를 선사한다.

걷는 운동은 당신의 축 늘어진 어깨를 활기차게 펼쳐줄 것이다. 세상에 걷는 운동보다 더 좋은 운동은 없다. 움직일수록 새로운 에너지가 충전될 것이고, 당신의 몸에 있는 에너지가 아름다운 향기로 승화되어 멋진 내일이 당신을 기다릴 것이다.

03

아침에 일어나면 기지개를 켜라

기지개를 하고 나면 졸음이 달아나고 생기가 돈는다. 이내 뻐근함이 사라지는 것을 느낄 수 있다. 잠을 자고 있는 동안에는 혈액의 순환이 제대로 되지 않기 때문이다. 그래서 몸은 피곤함을 느끼게 되고 뻐근하며 통증을 느끼게 된다.

기지개는 삶의 활력소이다. 아침에 일어나서 기지개를 하다 보면 몸이 부드러운 것을 느낄 수 있다. 학창 시절에 아이들이 졸면 수업을 잠시 멈추고 기지개를 켰던 기억을 떠올려 보자. 그때 선생님들은 어떤 이유로 기지개하는 시간을 주었을까? 경직되고 피곤하여 수업에 집중하지 못하는 학생들이 태반이다. 이런 와중에 기지개를 하면 학생들의 몸은 유연해지고 한결 에너지가 솟아 눈은 또렷해진다.

기지개를 하면 우리 몸에는 어떤 변화가 일어날까? 가슴을 활짝 펴면 몸의 폐에서는 대량의 산소를 받아들이고, 이 산소는 혈액에 의하여 온몸 구석구석까지 순환이 되어 자동적으로 활력이 생기게 된다. 기지개를 펼 때 손가락과 손바닥의 느낌을 잘 살펴보면 뭔가 짜릿짜릿한 느낌이 있을 것이다. 이 느낌이 온몸에 전해져 발가락까지 전달되는 사람은 기혈순환이 원활한 사람이다. 이런 사람은 건강한 사람이다. 반면 기지개를 아무리 켠다 해도 척추가 늘어나지 않거나 몸통은 물론 손바닥에도 아무런 느낌이 없는 사람이라면 근육층에 어혈이 많이 쌓여 있기 때문이다. 이런 사람이라면 근육을 완전하게 풀어 후에 경추기를 사용해서 척추마디를 늘려주는 운동을 꾸준히 해야 한다.

건강한 사람은 이런 과정을 통하여 몸에서는 활동에 소요되는 에너지가 만들어지기 때문에 졸음이 오지 않는 것이다. 기지개를 켜면 순간적으로 많은 공기를 폐에 확보하게 되어 졸음을 막는 역할을 한다.

기지개는 장시간 의자에 앉아 있는 학생들에게는 필수적인 운동이다. 장시간 의자에 앉아 있으면 척추에 무리한 부담이 가중되기 때문에 자세가 흐트러지면서 근육이나 관절이 경직되게 되어 몸의 피로를 빨리 느낄 수 있다.

우리 몸의 근육은 적절한 자극이 없으면 능력이 저하되고 자연적으로 수축되어 탄력을 잃게 되어 굳어버리게 된다. 오랜 시간 같은 자세로 일하여 근육이 긴장될 때나 반대로 운동으로 근육을 격렬하게 사용하는 경우에도 근육이 수축되어 단단하게 굳어진다.

그래서 근육을 이완시켜 주는 적절한 자극이 필요하다. 우리 몸을 활발하게 하고, 신진대사를 촉진시키기 위해서는 근육의 탄력을 높여주는 운동이 필요하다. 바로 스트레칭이다. 운동선수가 아니더라도 스트레칭을 자주하는 것이 좋다. 스트레칭을 하면 근육이 부드러워지기 때문에 혈액순환에 도움이 되고 몸의 유연성을 높여준다. 유연한 몸은 다양한 동작을 부드럽게 해줌으로써 움직이거나 활동하는 데 신체의 부담을 줄여준다.

하루에 두 번 이상 기지개를 켜라. 기지개는 스트레칭의 하나이다. 멀리까지 나갈 수 없는 상황이라면 자리에서 기지개를 켜 보자. 기지개를 하지 않는 것보다 기지개를 하는 것이 건강을 유지하는 데 몇 배의 효과가 있다.

누군가는 매일 바쁘고 힘든 하루하루를 살아가는데 무슨 기지개를 할 시간이 있느냐고 반문하지 모른다. 하지만 자기 몸을 생각한다면 기지개는 결과적으로 자신을 위한 일이다.

자, 기지개를 활짝 펴 보아라. 그리고 신성한 공기를 맘껏 마셔 봐라. 그리고 "오늘은 좋은 날이다."라고 큰 소리로 외쳐보자. 오늘도 거울 앞에서 활짝 웃는 여유를 부려 보자.

04

신선한 과일을 많이 먹어라

현대인의 식단은 너무나 다양하다. 시간 절약과 사업의 측면에서 인스턴트식품이 우리의 식생활에 깊숙이 차지하고 있다. 다량생산, 대량소비라는 경제논리 명목으로 방부제 같은 유해물질을 사용하여 영양의 불균형은 우리의 건강을 해치고 있다.

그럼에도 불구하고 우리는 시간의 효율성에 사로잡혀 인스턴트식품에 익숙해져 있다. 하지만 이러한 식품은 인간의 건강 면에서 불완전하고 유해한 식품이다. 오히려 사람의 노력과 정성이 담겨 있는 과일이 우리의 건강을 지켜준다.

과일 속에는 비타민과 미네랄, 그리고 식물의 색소에 들어 있는 파이토 케미컬이라는 물질이 많이 들어 있다. 과일은 보통 80% 이상 수분으로 구성되어 있다. 이 수분은 과일에 들어 있는 풍성한 영양소가 함유되어 있어 우리의 몸을 더욱 건강하게 만들어 준다.

과일은 영양이 풍부하면서도 대부분 체내에 비축되지 않고 곧 바로 에너지원으로 활용되기 때문에 수분과 섬유질이 풍부하게 함유되어 있어 이뇨작용이나 소화작용을 도와주는 건강에 가장 좋은 식품이다.

야채와 함께 과일에는 비타민이 풍부하다. 과일의 종류에 따라 그 함량은 다소 다르지만 일반적으로 햇볕을 많이 받고 자란 빨간색 과일은 피를 연상하게도 하며 건강과 에너지를 상징하기도 한다.

과일의 붉은색은 우리 몸 안에서 유해산소를 제거한다고 하여 '청소부'라고도 한다. 토마토, 사과, 딸기, 수박 등은 항암효과와 더불어 신체기능을 향상시켜 주는 항산화식품이다. 토마토의 붉은색을 결정한 라이코펜은 뛰어난 항산화력으로 암을 예방하는 탁월한 효능이 있다.

하버드의대 에드워드 지오바누치 박사는 4만 8천 명의 남성을 조사한 결과, 일주일에 토마토를 10회 이상 먹은 남성은 그렇지 않은 사람에 비해 전립선 암 위험이 35% 줄었다고 연구 결과를 발표했다.

견과류도 과일 이상으로 좋은 식품이다. 잣, 호두 같은 견과류는 기름기가 많다. 과일 무게의 74%나 되는 식물성 지방과 단백질 15%를 함유하고 있다. 그래서 고기를 먹지 않고도 필요한 영양분을 충분히 채울 수 있어서 좋다.

특히 잣은 사람의 피를 맑게 해주고 혈압을 낮춰주며 두뇌의 회전을 좋게 한다. 성인병 예방은 물론 노화 예방에 좋은 식품이다. 잣은 1kg당 660칼로리나 되는 높은 열량을 가지고 있지만 질 좋은 식물성 기름이기 때문에 비만의 원인이 되지는 않는다.

과일에는 우리 몸에 필요한 필수 영양소가 많이 함유되어 있다. 또 대부분의 과일은 저칼로리 식품이다. 경제적으로 여건이 좋아진 요즘에는 과일이나 콩류보다는 고칼로리의 육류를 선호하는 경향이 있다. 고칼로리 음식의 섭취는 비만을 유발하는 등 영양의 불균형을 초래하여 건강을 해칠 수 있다. 실제로 칼로리가 10%만 증가한다면 우리 몸은 영향을 받는다.

저칼로리 식품으로 식습관을 바꾼다면 몸이 가벼워지면서 기분마저 상쾌함을 느낄 수 있을 것이다. 무엇을 먹느냐에 따라 하루의 건강을 좌우하게 된다. 당신의 식습관이 평생을 결정한다.

이제는 식습관을 바꿔야 한다. 신선한 과일을 먹어야 한다. 식습관을 바꾸면 생활도 전보다 훨씬 편할 것이다. 식습관이 변하면 익숙해진 사탕이나 햄버거보다 과일이나 견과류 쪽으로 당신의 손이 먼저 갈 것이다.

05

스트레스는 건강의 적이다

독일에서는 일에 '일백 퍼센트의 몰입'을 요구하는 관행이 퍼져 있다. 그래서 독일에서는 매년 20만 명이 넘는 사람들이 심장병으로 목숨을 잃는다고 한다. 독일의 신문 <쥐트도이체 차이퉁>은 심장병의 주원인이 '이것'이라고 보도했다. 정말 놀라운 사실이다. 간호사 두 사람 중 한 사람은 이 증상을 겪고, 교사 세 사람 중 한 사람은 이 증상으로 인해 조기 퇴직을 한다. 이것이 바로 스트레스다.

현대 사회에서 '스트레스'란 낯선 개념이 아니다. 모든 사람들이 스트레스를 인지하고 있고, 그것이 만병의 근원이라는 것도 알고 있다. 그러나 스트레스는 쉽게 물리칠 수 있는 적이 아니다. 스트레스는 현대인에게 고질적이고 만성적인 병이다. 그런데 최근 칭찬이 스트레스를 해소한다는 연구결과가 나와 주목되고 있다. 이곳저곳에서 칭찬을 활용해 스트레스를 줄이거나 없애려는 노력이 활발하게 진행되고 있다.

건강보험 회사들은 직장에서 스트레스를 줄이는 방법을 연구하는 중이다. 연구는 수백 개의 중소기업을 대상으로 수행되고 있다. 그 중 한 연구에서 밝혀진 놀라운 사실이 있다. 조사대상이 된 근로자 중 44%가 근무하면서 한 번도 칭찬을 받아 본 적이 없었다는 것이다.

스트레스란 한마디로 외부 자극이나 변화에 대한 신체적, 정신적, 행동적 반응을 말한다. 스트레스는 만성화되어 정서적으로 불안하고 갈등을 일으켜 장기화되면 질병의 원인이 된다. 그래서 우리는 가능하면 스트레스를 줄이며 살아야 한다. 즐거운 마음으로 일을 하면 스트레스를 줄일 수 있다. 물론 좋아하는 일만 하고 일생을 살아갈 수는 없는 일이다. 때로는 힘들고 어려운 난관에 부딪쳐도 즐거운 마음으로 일을 하는 것이 바람직하다. 힘들고 어려워도 짜증을 내거나 화를 내며 일하는 것보다 이왕에 내가 할 일이라면 긍정적이고 적극적인 자세로 일해야 한다. 긍정적인 사고는 인생을 즐겁게 만든다.

음악을 들으면 사람의 마음이 편해진다. 병원의 대합실에 가면 긴장을 완화시켜 주는 음악이, 호텔이나 백화점에서는 상쾌하고 우아한 음악이 기분 좋게 흘러나온다. 이러한 음악에는 치료적 효과가 있다. 운동할 때는 리듬감이 있는 음악을 들으면 머리가 맑아지고 마음이 가벼워진다. 저절로 건강관리가 되는 것이다.

우리 인체는 구조적으로 좋은 기분이 들거나 경쾌한 음악을 들으면 대상회와 좌뇌 간 신경질, 소뇌의 뇌혈류가 원활하게 흐른다. 이로 인해 삶에 의욕이 생기고 몸에 에너지원이 공급된다. 활기찬 에너지는 인생을 즐겁게 만들고 상대방을 칭찬하기 좋은 기분을 갖게 한다.

반대의 경우를 보자. 스트레스를 받으면 뇌 속 시상하부에서 아드레날린이 분비되어 흥분하여 혈압이 올라가고 몸에 무리가 온다. 사소한 일에 스트레스를 잘 받는 사람은 뇌 기능이 원활하지 않을 뿐 아니라 제때에 해소하지 못한 스트레스가 쌓여 기억력을 담당하는 해마에 손상을 입을 위험성이 커진다.

욕심을 버리는 것도 스트레스를 줄이는 한 방법이다. 많은 사람들은 자기의 능력과 환경에 비해 많은 욕심을 가지고 살아간다. 욕심은 스트레스의 원인이다. 남보다 좋은 대학에 진학하고, 남보다 빨리 큰 집을 장만하고, 남보다 앞서 성공해야 한다는 강박관념 역시 스트레스의 주범이 된다는 사실을 기억하라.

스트레스를 잘 관리하는 사람은 뇌 기능이 유연하다. 그 사람은 만나는 사람과 호감을 가지고 대화를 한다. 따라서 모든 인간관계가 원만해지고 상대를 칭찬할 수 있는 에너지가 그의 가슴 안에 쉴 새 없이 생성된다. 그 사람은 예상하지 않은 사건이나 갈등 상황을 겪을 때도 분노나 두려움 없이 문제를 해결해 나가는 힘을 기르게 된다.

그러면서 평소 여유 있는 생활로 많은 사람들과 어울리고 봉사나 취미활동 등을 통하여 인간관계를 유지하는 노력이 필요하다. 사회적 관계를 통한 적절한 긴장감과 뇌 건강에 긍정적인 효과를 미친다. 스트레스는 피할 대상이 아니라 관리할 대상이라는 점을 마음속 깊게 기억하자.

06

물을 많이 마셔야 건강하다

물은 생명의 근원이며 삶에 활력소 역할을 한다. 우리의 몸은 60~70%가 물로 구성되어 있다. 사람은 건강을 활동을 유지하기 위하여 끊임없이 물을 먹어야 한다. 신선하게 공급된 물은 변비의 해소를 돕고 장 점막을 정화하여 영양 섭취가 더욱 효과적으로 이루어지게 한다.

물을 마시는 양은 사람에 따라 환경에 따라 다르다. 육체노동을 많이 하고 가공식품을 즐겨 먹고 술 담배를 하는 사람은 그렇지 않은 사람에 비해 더 많은 물의 섭취가 필요하다.

물은 우리 인체에 들어가면 체온을 조절해 주고 관절의 윤활제 역할과 변비를 예방하는 데 큰 도움을 준다. 또 영양소와 산소를 세포에 운반해 주는 역할을 한다.

보통 사람들은 하루에 2리터 이상의 물을 마셔야 하는데 소변의 색깔이 무색투명할 때까지 물을 마시는 것이 좋다. 페트병에 하루에 마실 물을 담아 늘 가까이 두고 마시는 것을 잊지 말아야 한다.

물을 마시는 방법도 원칙이 있다. 갑자기 한꺼번에 들이키지 말고 조금씩 자주 마시는 것이 좋다. 물을 한꺼번에 많이 마시면 오히려 혈액 속의 나트륨을 희석시켜 체액불균형을 초래할 수도 있다.

의학 전문가들은 물을 마실 때 1분에 1cc 정도를 기본으로 해서 한 컵의 물을 마실 경우 5분 정도의 시간을 들여 천천히 한 모금씩 마실 것을 권한다.

바트만게리지 박사는 아침에 일어나지마자 한두 잔, 식사 30분 전에 한두 잔을 마셔야 한다고 권고한다. 이렇게 하면 적절한 소화를 위해 미리 몸을 준비시키고 체중 조절을 도우며 각종 질환을 예방하게 된다고 한다.

물에 대한 연구한 미하엘 보슈만 박사는 "매일 1.5~2l 분량의 물을 마시면 연간 3만 6,000cal의 에너지를 소모할 수 있다."면서 "이는 5kg 분량의 지방을 태워 없애는 효과에 해당한다."고 말했다. 그는 "효과적인 체중감량을 원한다면 식사량 조절, 적당한 운동과 더불어 매일 규칙적으로 식전에 0.5l의 차가운 물을 마시라."고 권고했다.

매끼 식사 2시간 후에도 한두 잔을 마셔서 물 섭취가 하루 전체를 통해 균형 있게 이루어지도록 한다. 자기 전에도 한 잔을 마시면 편안한 수면에 도움이 된다.

물은 인체 내의 독소를 없애는 데 중요한 역할을 한다. 스트레스가 심할 때, 잠을 제대로 못자서 몸이 찌뿌듯할 때, 더운 날씨에 몸이 축 처져 있을 때, 우리 몸은 자동적으로 물이 필요하다는 강한 신호를 보낸다.

한 마디로 몸이 부정적인 반응을 보이고 있을 때, 물은 몸 안의 노폐물인 독소를 밖으로 내뿜어내어 활력을 찾게 하는 작용을 한다. 물 한잔이 위와 장을 깨어나게 하는 것은 이미 잘 알려진 사실이다.

물은 어떠한 자원보다도 필요한 생명 유지의 원천이다. 물이 없는 세상을 상상해 보라. 하루도 견디지 못하고 살 수 없을 것이다. 물은 사람뿐만 아니라 동물, 식물에까지 없어서는 안 될 필수적인 존재이다.

우리 몸이 필요로 하는 수분 공급이 이루어지지 않으면 바로 탈수증으로 이어지고 쉽게 피로를 느끼게 된다. 이러한 증상이 자주 나타나면 변비, 피로, 노화 등으로 이어져 만성 질병의 원인이 되기도 한다.

물을 많이 마셔라. 물을 많이 마셔야 건강하다는 것은 다 알고 있다. 그러나 실천하기가 어렵다. 물은 우리 몸을 이루는 다양한 세포들에게 주요한 영양분과 생활의 에너지를 공급해 준다. 물은 당신의 늘어진 허리를 곧게 올려줄 것이고 모든 질병으로부터 해방시켜 줄 것이다.

07

전자파로부터 두뇌를 보호하라

최근들어 많은 사람들이 전자파 때문에 건강을 잃어 가고 있다. 전자파 피해에 대해서는 아직도 의견이 분분하여 무해론에서부터 암유발설까지 다양하나 몸 안의 전달체계에 부정적인 영향을 주는 것은 분명하다. 전자파는 휴대폰뿐만 아니라 텔레비전이나 컴퓨터 등 일상생활에 사용하는 모든 전자제품에서 나온다.

왜 휴대폰의 전자파에 대한 논란이 심각하게 대두되고 있는가? 다른 전자제품에도 전자파가 다 나오지만, 휴대폰의 경우에는 우리 몸의 뇌의 가장 가까운 곳에서 사용하기 때문에 뇌에 손상이 올 확률이 높기 때문이다.

휴대폰의 사용 주파수는 900MHz 이상의 고주파 대역으로서 이 주파수에서 방출되는 마이크로파는 인간의 중추신경계, 특히 뇌의 전기적 기능에 직접적인 영향을 주고, 특히 휴대폰은 뇌의 가장 가까운 부위에서 사용하기 때문에 전자파의 물리적 특성상 영향을 많이 준다는 것이다.

또 휴대폰의 다량 보급으로 전자파 이상으로 문제가 되는 것은 '휴대폰 중독'을 들 수 있다. 이런 현상은 휴대폰이 없으면 마음이 불안해지기 시작하고, 초조해지면서 휴대폰을 만지작거리거나 누군가와 통화를 해야 마음이 편해지는 심리적인 현상 역시 그렇다.

학업에 열중해야 할 청소년의 피해는 생각보다 매우 심각하다. 조사한 바에 의하면 휴대폰을 집에 두고 왔을 때 불안하고 초조해 수업에 집중할 수 없는 증상이 1.8%, 휴대폰 벨이 울린 것으로 착각하는 환청현상이 12.3%, 무작정 휴대폰 벨소리를 기다리는 동안 가슴이 두근거리고 머리가 아픈 경험이 있는 사람이 2.3%나 된다고 한다.

때와 장소를 가리지 않고 학생들에게 울리는 문자나 벨소리는 두말할 나위 없고 심지어 교실에서 휴대폰으로 자장면을 시키는 학생이 있는가 하면, 버스 안에서 "너무 시끄럽게 전화한다."며 시비가 붙어 학생과 교수가 주먹다짐까지 벌인 사건도 있어 휴대폰 중독은 개인의 문제가 아닌 사회적 문제로 심화되고 있는 실정이다.

전자파는 우리 머리를 나쁘게 한다. 전자파는 뇌 깊숙이 위치하고 있는 생명중추나 본능중추에는 침투하지 못해서 큰 손상을 미치지 않으나 표면에 있는 뇌 부위에는 손상을 미치는 것으로 알려졌다. 전자파는 고도의 뇌기능을 담당하는 대뇌부위와 학습과 기억을 영위하는 해마부위 그리고 운동과 몸의 평형을 담당하고 있는 소뇌 피질부위 신경세포의 변성을 증가시키고 있어 우리 건강에 나쁜 영향을 준다.

휴대폰 전자파를 줄이는 방법은 없을까? 이미 많은 대중매체를 통해 알려진 바와 같이 전자파는 전자파 발생원으로부터 거리가 멀수록 급속도로 그 발생량은 감소하는 성질을 가지고 있다. 가전제품 등을 사용할 때는 가능한한 거리를 두고 사용하는 것이 바람직하다. 전기장판이나 헤어 드라이어 등 신체와 직접 접촉되는 전자제품은 사용 횟수를 최소한으로 줄이는 것이 좋다.

우리가 매일 보는 텔레비전은 전자선을 승압시켜 브라운관의 형광물질에 조사하는 원리로 설계되어 있다. TV 화면이 커질수록 전자파 방출량이 자동적으로 늘어난다. 최소한 2m 이상 떨어져 TV와 수평으로 보는 것이 좋다. TV의 옆과 위, 뒤쪽에서 더 많이 발생하기 때문에 가급적 리모컨을 사용하는 것이 좋은 방법이다.

컴퓨터에서도 전자파가 많이 발생한다. 컴퓨터를 사용할 때에는 가급적 1m 이상 거리를 유지하고 50분 작업에 10분씩 휴식을 취하는 것이 건강에 좋다. 특히 모니터는 14인치보다는 전자파가 훨씬 적게 방출되는 17인치나 거의 방출되지 않는 노트북형을 사용하는 것이 바람직하다.

다른 전자 제품을 사용할 경우, 직접 사용하지 않을 때에는 플러

그 전원을 빼두는 것이 좋다. 왜냐하면 전기를 직접 사용하지 않으면 전원이 'ON' 되어 있는 상태에서는 전기장은 발생하지 않지만, 자기장은 여전히 발생되는 특수한 전자기적인 성질을 가지고 있기 때문에 가능하면 전원을 빼두는 것이 우리 두뇌를 안전하게 전자파로부터 막는 유일한 방법이다.

08

손 안에서 건강을 찾아라

건강은 멀리 있는 것이 아니라 아주 가까운 곳에 있다. 바로 우리의 손에서 건강이 시작된다. 제대로 손을 알고 손을 관리하는 것이 건강의 시작이 있는 셈이다.

손은 단순하지가 않다. 우리 손은 '인체의 축소판'이라고 말할 정도로 매우 중요한 역할을 한다. 대뇌 반구의 운동영역 중에서 손을 관장하는 부분이 전체의 1/2 이상이라는 것만 봐도 그렇다. 모든 병은 손에서 비롯된다. 손을 자주 움직이는 사람만이 건강하다.

손톱의 색과 형태만으로도 몸의 건강상태를 알 수 있다. 손이 건강한 사람은 항상 따뜻하고 부드러우며 핑크색을 띤다. 손이 따뜻한 사람이 건강하다는 것은 옳은 말이다.

건강하고 예쁜 손은 탐이 난다. 남자들이 얼굴 다음으로 중요하게 여기는 신체 부위가 바로 손이다. 꼭 얼굴이 예쁘지 않더라도 손이 예쁘면 상대방을 다시 보게 될 남자들이 있을 것이다.

손은 얼굴과 마찬가지로 외부에 노출되는 시간이 비교적 길다. 또 자주 씻기 때문에 피부의 천연피지막이 손상되기 십상이다. 주름도 금방 생기고 노화도 빨리 진행된다. 평상시 손을 잘 관리해야 할 필요성이 있다.

추운 겨울철에 손발이 가장 시리게 된다. 심장에서 내뿜는 피가 가장 먼저 떨어진 손끝까지 제대로 이송된다면 손이 차가울 리 없다. 이 때 손을 뒤로 젖히면서 비벼주게 되면 왠지 온몸이 따뜻한 온기를 느낄 수 있다.

호두를 만지작거리거나 손을 비비는 것이 그 하나의 일례이다. 그러면 혈류가 개선되어 산소와 양분이 충분히 공급되고 손이 따뜻해지는 효과를 얻을 수 있다.

손이 제대로 관리되지 않는다면 건강을 해치는 주범이 될 수가 있다. 겉보기에는 하얗고 깨끗해 보이지만 우리들의 손에는 많은 세균이 잠자고 있다. 사람들의 한쪽 손에는 약 6만 마리 정도의 세균이 있다고 한다.

일반적으로 감기는 코를 통해서만 전염되는 것으로 알려져 있지만 사실은 그렇지 않다. 흔히 감기든 독감이든 바이러스가 직접 입으로 전달되기보다는 바이러스가 손에 묻어 있다가 입이나 코에 댐으로써 감염되는 경우가 대부분이다.

화장실을 사용하거나 코를 푼 후 혹은 음식을 취급하기 전에는 손을 깨끗하게 씻지만, 책이나 돈을 만지고 나서는 그렇지 않은 경우가 많다. 오래된 책이나 돈은 세균의 주요 서식처이다.

컴퓨터나 키보드와 마우스 등을 사용했을 때에도 엄청난 세균이 묻는다. 평소 손으로 얼굴을 만지거나 침을 묻혀 책장을 넘기는 버릇도 고쳐야 한다.

특히 공중화장실의 변기 손잡이와 수도꼭지를 만졌을 때에는 감기의 원인이 되는 '라이노 바이러스'와 접촉했을 가능성이 높다. 이때 반드시 손을 씻어야 한다.

아무리 손을 여러 번 씻는다 해도 그냥 물에 손만 대충 비비기만 하면 아무 소용이 없다. 흐르는 미지근한 물에 손과 팔을 적셔서 충분한 양의 비누로 거품을 내야 효과적이다.

'1830운동'이란 말을 들어 보았는가. 건강을 위해 1일 8회, 30초 이상 손 씻기를 하자는 의미이다. 이 표어는 '손 씻기'가 우리 건강에 얼마나 중요한가를 강조하며 제대로 된 손 씻기 방법을 강조하고 있다.

손톱으로 손바닥을 긁듯이 여러 번 반복해서 씻어내고 양 손바닥을 골고루 문지르며 깍지를 끼고 문질러 손가락 사이사이도 골고루 씻어야 한다. 팔목도 노출된 부위이므로 잊지 말고 씻어주도록 하자.

무엇보다도 '1830운동'을 펼치는 전문가들은 사람의 손에 감염된 바이러스는 3시간 이상 활동해 하루 최소 8번은 씻어야 손으로 인해 전염되는 질병을 예방할 수 있다고 한다.

손안에는 모든 비밀이 숨어 있다. 손 안에서 자신의 건강을 찾아라. 질병의 60%가 손을 통하여 건강이 유지된다는 사실을 기억하자. 훌륭한 부모라면 자녀에게 손을 올바르게 관리하는 재산을 물려주자. 손을 잘 관리하는 습관은 건강을 지키는 최고의 비결이다.

09

올바른 칫솔법을 배워라

예로부터 '치아는 오복 중의 하나'라는 말이 있을 정도로 개인의 삶에 중요한 것으로 여겨져 왔다. 동서양이 미인 선발 기준에서 많은 차이가 있었으나, 공교롭게도 미인 기준으로 우선시되었던 것 중 하나가 하얀 치아였다.

치아는 바로 이렇게 한 사람의 외양을 돋보이게 하거나, 신체적으로나 심리적으로 안정감을 가져다주는 역할을 한다. 특히 하얀 치아는 상대방에게 좋은 인상을 심어준다.

『치아관리만 잘해도 인상이 바뀐다』는 책이 있다. 동감하는 책 제목이다. 치아관리만 잘 해도 인상이 바뀜은 물론이요, 일상이 바뀌고, 인생이 바뀔 수 있다는 내용이다. 인상이 바뀌면 그를 바라보는 사람들의 시각이 달라진다. 그러면 이전보다 다르게 생각하고 매사에 적극적으로 사람들을 대할 수 있을 것이다.

사람들을 자주 만나는 영업사원이라면 잘 관리된 치아 자체만으로도 상대에게 좋은 인상을 줄 수 있다. 소위 점수를 딸 수 있다. 그 인상 하나만으로 일의 효용은 배가 될 수 있다. 치아관리의 효과는 자신감을 갖게 해주고, 상대방에게 호감과 끌림을 주는 역할을 할 수 있다.

치아를 관리하는 것은 어떻게 보면 사소한 일이다. 하지만 그 작은 것이 정서적으로 자신과 확신을 부여케 하는 일임은 부인하지 못할 것이다. 인상이 일상의 변화를 넘어 일생의 변화를 주는 중요한 요인임을 다시 한 번 기억하자.

요즘엔 치아를 잘못 관리하여 고통을 호소하는 사람들이 늘어나고 있다. 바로 칫솔질을 잘못해 치아가 마모되고 잇몸이 손상된 것이다. 칫솔질을 제대로 해야 한다는 것은 누구나 알고 있다. 그러나 어떻게 해야 올바르게 하는 것인지 아는 사람은 많지 않다.

대부분의 사람들은 치아 왼쪽과 오른쪽, 윗니와 아랫니를 왔다갔다 하면서 순서 없이 이를 닦는다. 이렇게 이를 닦으면 잘 닦이지 않고 빼먹는 곳이 생기기 마련이다.

이를 닦을 때는 반드시 순서를 지켜야 한다. 입 안 구석구석 모든 치아를 깨끗이 닦으려면 순서를 정해 닦아야 한다. 칫솔질할 부위는 입 안의 상하좌우, 각각의 안쪽과 바깥쪽 등 보통 8개 부분으로 나눈다.

순서는 아랫니 안쪽부터 먼저 닦는 것이 좋다. 침샘이 아랫니 옆에 있어 윗니부터 닦으면 닦는 동안 아랫니 쪽에 침이 생겨 아랫니를 깨끗이 닦을 수 없기 때문이다.

이를 잘 닦지 않는 부위는 2~3시간 지나면 세균으로 이뤄진 투명한 막인 플라그가 생긴다. 플라그는 충치와 잇몸질환을 일으키므로 올바른 칫솔질을 통해 반드시 없애야 한다. 칫솔질만 잘하면 플라그가 제거돼 치석의 생성을 막을 수 있어 좋다.

건성으로 칫솔질을 하면 아무런 효과가 없다. 칫솔질은 보통 하루 3~4회 하는 것이 좋다. 그러나 최소한 하루에 한 번만이라도 3분 이상 시간을 들여 제대로 닦는 습관을 들여야 한다.

칫솔질을 할 때 칫솔모에 치약을 묻힌 뒤 습관적으로 물을 묻히는 사람들이 있다. 물을 묻히면 거품이 많이 일기 때문에 칫솔질이 잘 된다는 느낌을 받는다. 하지만 마른 칫솔에 치약을 묻힌 상태에서 그냥 칫솔질을 하는 것이 더 효과적이다.

칫솔질 하나로 치아 건강을 지킨다는 것은 아주 쉬운 것 같지만 바른 습관을 길들이지 못하면 매우 어려운 일이다. 올바른 칫솔법을 배워라. 그리고 이를 닦을 때에는 반드시 순서에 따라 칫솔질을 하여야 한다.

치아 건강을 위해 생활 습관을 고쳐보자. 상식적인 말로 들리겠지만 처음 듣는 말처럼 들어보는 건 어떨까. 하루 3번, 식후 3분 이내, 3분 동안 양치질을 하자. 식사 후 양치질이 어려울 경우 물로라도 헹

구자. 손가락으로 입 주위를 톡톡 쳐줘 보자. 경혈이 자극되어 튼튼해진다.

무엇보다 이를 잘 관리하는 방법 중 하나는 식습관에 있다는 것을 명심하자. 식사를 하고 양치질을 한 다음에는 음식물을 먹지 말아야 한다. 아무리 맛있는 음식이 유혹하더라도 이러한 유혹을 과감하게 물리치는 방법이 치아를 가장 건강하게 보존하는 방법이 될 수 있다.

10
억지로라도 많이 웃어라

미국 스탠포드대 윌리엄 프라이 박사에 따르면 사람이 한바탕 크게 웃을 때 몸속의 650개 근육 중에서 231개 근육이 움직인다. 이때 많은 운동 에너지가 활성화된다. 운동에너지를 깨우는 웃음은 건강을 유지하기 위한 필수요소임에 틀림없다. 또 진정한 웃음은 평소 쌓였던 스트레스를 해소시키고 혈압을 떨어뜨리며 혈액순환을 개선시키는 효과도 있다.

웃음은 삶을 살아가는 데 필요한 자양분과 같아서 우리 몸을 튼튼하게 해 준다. 최근 미국에선 많이 웃는 사람에게 심장병 발병이 적다는 연구 결과가 나왔다. 인간의 몸에는 기쁘다든지, 즐겁다든지, 기분이 좋은 때는 엔도르핀이라는 호르몬이 분비된다. 낙천적인 사람이 건강하고 오래 사는 것은 이런 결과를 뒷받침을 해 준다.

어린아이는 하루에 보통 400번 이상 웃는다고 한다. 그렇게 많던 아이의 웃음이 6세쯤 되면 30회 정도로 현저하게 줄어든다고 한다. 게다가 성인이 되면 더욱 웃음을 잃게 되어 70세가 되면 하루에 웃는 횟수가 평균 14회 정도까지 급격히 줄어든다. 심지어 하루에 단 한 번도 웃지 않고 지내는 사람도 많다고 한다.

웃음 전문가들은 이렇게 말한다.

"한 번 웃는 것은 에어로빅 운동을 5분 동안 하는 운동량과 같고, 20분 동안 웃는 것은 3분 이상 격렬하게 노 젓는 운동량과 맞먹는 효과가 있다. 또 혼자 웃을 때보다는 여럿이 함께 웃으면 33배의 효과가 있다."

실제로 하루 45분 웃으면 고혈압이나 스트레스 같은 현대 질병도 치료가 가능하고 환자가 10분 동안 통쾌하게 웃으면 두 시간 동안 고통 없이 편안하게 잠을 잘 수 있다고 한다. 그렇다면 우리가 웃지 않을 이유가 있을까? 왜 웃지 않는가? 거울을 보고 혼자서라도 억지 웃음이라도 지어야 하지 않을까?

인간의 신경계는 교감신경과 부교감신경으로 구성되어 있다. 교감신경은 놀람, 짜증, 초조, 불안과 같은 생존이나 움직임을 위한 신경이다. 부교감신경은 교감신경이 촉진되면 억제하는 일을 하고, 신체가 흥분되면 심장의 기능을 억제하며 소화기의 작용을 촉진시키는 일을 한다.

웃음은 교감신경과 부교감신경의 상호작용에서 이루어진다. 그래서 웃음은 스트레스와 분노, 긴장을 완화해 주는 없어서는 안 될 중요한 요소이다. 웃음은 흥분상태에서 몸에 편안함을 준다. 웃지 않는다면 엔진에 냉각장치가 없는 것과 같다. 과열된 기계가 폭발하듯 웃음으로 정화하지 않는 육체는 스트레스를 받는다. 이 사실을 기억하자. 웃음은 스트레스와 분노, 긴장을 완화해 주는 우리 생활에 없어서는 안 될 아주 중요한 자산이다.

누구나 기분이 좋으면 자신도 모르게 저절로 웃음이 나온다. 그러나 억지 웃음에도 효과가 있다. 억지로라도 웃으면 기분이 좋아지고, 생각이 바뀐다는 것을 아는 사람은 그리 많지 않다. 누군가의 말대로 "행복해서 웃는 것이 아니라, 웃어서 행복하다."

얼굴 근육은 사람의 기분에 따라 서로 다르게 움직인다. 대뇌의 감정중추는 표정을 관장하는 운동중추와 인접해 있으면서 서로 영향을 주고받는다. 이 때문에 표정을 바꾸면 사람의 감정도 달라진다.

많이 웃고 즐거운 삶을 살기 위해서는 매사 긍정적인 사고를 하는 것이 중요하다. 이러한 사고는 우리 몸을 건강하게 유지하기 위한 아미노산과 같다. 마음이 밝고 긍정적인 모습을 보일 때 뇌로부터 인체의 기능을 활성화시키는 알파파라는 호르몬이 분비된다. 생활에 활력과 웃음이 넘쳐난다.

웃음은 좋은 운동이자 인체의 면역력을 높여주고 심리적으로 안정감을 더해 주는 특효약이 될 것이다. 웃음으로 하루를 열어보자. 또한 웃음은 겉모습을 아름답게 하고, 인간관계를 친밀하게 하고, 사회에서의 성공의 밑거름이 되기도 하며, 억압된 감정을 발산하여 정화하는 역할도 한다는 것을 잊어서는 안 된다.

_참고문헌

『칭찬의 기술』, 이병호, 오늘의문학사, 2017

『내 아이를 망치는 위험한 칭찬』, 정윤경, 김윤정, 담소, 2011

『머리 잘굴리는 사람이 성공한다』, 이병호, 연인M&B, 2010

『세로토닌하라』, 이시형, 중앙북스(주), 2010

『적자생존의 기술』, 이병호, 연인M&B, 2009

『뇌를 움직이는 메모』, 사카토 켄지, 비즈니스세상, 2009

『철없는 남자는 늙지 않는다』, 와다 히데키, 중앙북스, 2009

『프러포즈』, 이병호, 오늘의문학사, 2009

『공부하는 독종이 살아남는다』, 이시형, 중앙북스(주), 2009

『칭찬의 기술』, 스즈키 요시유키, 거름, 2007

『제멋대로 키운 아이 더 크게 성장한다』, 윤태익, 더난출판, 2006

『아이 머리 바꿔야 성적이 오른다』, 안진훈, 예담, 2006

『끌리는 사람은 1%가 다르다』, 이민규, 더난출판사, 2005

『용기를 북돋우는 칭찬기술 열정을 부르는 꾸중기술』, 나가사키 카즈모리, 한스미디어, 2004

『사람을 사로잡는 질책의 힘』, 혼마 마시토, 에이지21, 2004

『칭찬은 고래도 춤추게 한다』, 켄 블랜차드, 21세기북스, 2002

칭찬의 기술
Think & Praise

머리
잘 굴리는
사람이
성공한다
성공을 부르는 52가지 스킬
Timing
New idea
Potential
Creativity
Compliment
Thinking
Creation
Training
Energy
Concentration

지혜로운 신지식인의 교육 에세이
Ego Revolution
자기혁명 55 Manual 매뉴얼
프러포즈
인간의 삶과 지혜를 넓혀주는 특별한 메시지!
나를 움직일 수 있는 사람은 오직 자신 뿐이다.
지금 내 인생의 시동을 걸어 보자.

이병호의 특별한 생존법
적자생존의 기술
To be or Not to be
당신의 미래가 초읽기고 있다!
평생 '승자'로 살아갈 것인가?
지금 당장 결정하고 실천하라!
지혜로운 신지식인의 교육에세이

미래를 바꾸는 행복에너지
열정
이범호 지음

행복방
이범호 지음